100 soupes

RÉCONFORTANTES,
BIEN-ÊTRE, EXOTIQUES,
POUR LES ENFANTS...

Éditions
marie claire

Au sommaire

LES SOUPES

LES SOUPES ONT SOUVENT EU MAUVAISE PRESSE, CANTONNÉES AUX RECETTES DE GRANDS-MÈRES, ET AU SEMPITERNEL MOULINÉ DE LÉGUMES. POURTANT, LA SOUPE PEUT SE DÉCLINER AU FIL DES SAISONS ET ELLE EST BIEN LOIN DU REPAS ENNUYEUX QUE CERTAINS S'IMAGINENT. DE LA SOUPE-REPAS, SAVOUREUSE ET RASSASIANTE POUR UN PLAT COMPLET, AU GASPACHO POUR SE RAFRAÎCHIR DURANT LA PÉRIODE ESTIVALE, IL Y A DE QUOI VARIER LES PLAISIRS VERS L'INFINI ET AU-DELÀ !

→ On opte tantôt pour une soupe aux champignons et au riz rouge pour contenter son appétit féroce, tantôt pour un gaspacho de tomates et fruits rouges pour se délecter d'un breuvage frais et désaltérant.

→ Avant, dans un menu, la soupe n'était bien souvent qu'une entrée. Aujourd'hui, elle fait office de plat léger pour le soir, de plat complet pour le déjeuner, tel que le minestrone, ou de solution anti-gaspillage pour utiliser les restes du réfrigérateur ou les fanes des légumes dont on ne sait pas toujours quoi faire.

→ L'été, on se met à l'heure espagnole lorsque les soupes deviennent froides façon gaspacho. En entrée, en dessert ou dans le cadre d'un apéritif dînatoire, version salée ou sucrée, pour encore plus de gourmandise !

→ On peut parfois s'en servir d'atout diététique, en réalisant des bouillons nutritifs ou des soupes saines qui apportent tous les bienfaits dont notre organisme a besoin.

RÉALISATION DES SOUPES DE CE LIVRE

La plupart des recettes présentées dans ce livre ont été réalisées avec un blender chauffant. Mais il est tout à fait possible de les réaliser avec un blender traditionnel ou bien un mixeur.

LES 10 COMMANDEMENTS POUR
UNE SOUPE RÉUSSIE

1 **Des bons produits, tu choisiras.** La qualité et la fraîcheur des produits sont primordiales dans n'importe quelle préparation, la soupe n'étant pas une exception. On veille donc à choisir des produits non transformés, lorsque cela est possible, et de première fraîcheur, c'est encore mieux pour éviter la soupe à la grimace !

2 **Des fruits et légumes de saison, tu utiliseras.** C'est le commandement de base. Des fruits et légumes de saison, pour des soupes qui ont du goût. On évite ainsi de faire une soupe de tomates en plein hiver. Néanmoins, si vous avez une irrésistible envie de tomates hors saison, optez pour des conserves, qui contiennent des tomates cueillies à maturité et à la bonne période. C'est également le cas avec les fruits rouges : on peut choisir des fruits rouges congelés, si l'on souhaite un gaspacho à l'automne. Encore mieux, on congèle soi-même ses framboises fraîches lorsqu'elles sont disponibles chez son maraîcher (privilégiez le local), pour en profiter tout au long de l'année.

3 **Avec amour, tu cuisineras.** Comme disait Paul Bocuse : « Il n'y a pas de bonne cuisine si au départ elle n'est pas faite par amitié pour celui ou celle à qui elle est destinée ». On cuisine ainsi avec amour et plaisir, pour ses proches ou, bien entendu, pour soi !

4 **À tes goûts, tu l'adapteras.** Tous les goûts sont dans la nature, il est donc important de moduler les recettes de ce livre à ses préférences et intolérances. Si l'on est allergique aux cacahuètes, on fait une soupe avec uniquement des patates douces. Pour ceux qui n'aiment pas la menthe, on la remplace par du basilic, qui se marie également très bien avec les petits pois. Ou encore, pour les non-aficionados du lait de coco, on opte pour une autre boisson végétale.

5 **Un peu d'imagination, tu auras.** La cuisine se réinvente chaque jour, c'est d'ailleurs ce qui en fait sa richesse. Testez des associations parfois improbables mais qui feront tout de suite « mouche » auprès de vos convives, notamment en mariant des fruits et des légumes. Ainsi, innovez en ajoutant une pomme à soupe de courges, des poires dans une soupe à base de brocoli ou encore quelques graines de grenade en touche finale.

6 **De la cuisson, tu n'auras point à te soucier.** Eh oui, c'est le principal avantage du blender chauffant. On y verse tous les ingrédients et on enclenche le mode de son choix. Lorsque la sonnette retentit, c'est prêt !

7 **De l'avance, tu prendras.** La soupe se conserve 2 à 3 jours au réfrigérateur et se congèle très bien jusqu'à 3 mois. Vous pouvez donc en préparer à l'avance. Attention néanmoins aux soupes qui contiennent des produits laitiers, leur temps de conservation se voit réduit de 24h.

8 **L'assaisonnement, tu rectifieras.** L'assaisonnement est la touche finale d'une soupe réussie. Sans lui, et malgré plein de bons ingrédients, une soupe peut paraître bien fade.

9 **La consistance, tu contrôleras.** Vérifiez bien la texture : la soupe ne doit être ni trop liquide, au risque de la transformer en jus, ni trop épaisse, pour éviter de la rendre rassasiante au bout de deux louchées (se référer à la boîte à questions).

10 **Dans de jolis bols, tu la serviras.** Le moment du dressage est la dernière étape où vous pouvez laissez libre cours à votre imagination. Choisissez ainsi de jolis bols, tasses ou mugs et peaufinez la présentation avec divers toppings (granola, fleurs comestibles, graines...). De quoi faire sensation lors du service.

LA BOÎTE À QUESTION SPÉCIALE SOUPE !

À CHAQUE PROBLÈME, SA SOLUTION !

Je fais quoi si ma soupe est trop liquide ?
→ Je rajoute quelques pommes de terre cuites et je mixe à nouveau à l'aide de la fonction manuelle du blender.

Et si elle est trop épaisse ?
→ Je rajoute un peu d'eau en veillant à bien rectifier l'assaisonnement juste après.

Comment bien assaisonner ma soupe ?
→ Pour éviter de vous retrouver avec une soupe beaucoup trop salée, optez pour des cubes de bouillon de légumes (ou de volaille) qui ne nécessitent pas d'ajout de sel (vous pourrez parfois lire sur l'emballage « inutile de saler »). Puis en fin de cuisson, goûtez et ajoutez juste une pincée de sel si nécessaire et un ou deux tours de poivre du moulin.

TOUT EST DANS LE DÉTAIL !

Pour décorer ses soupes au moment du dressage et épater ses invités, voici quelques astuces :

Des croûtons : un classique, mais quand ils sont faits maison ou avec un autre produit que du pain, cela fait déjà toute la différence. On opte alors pour des croûtons de pain d'épice, idéaux en accompagnement d'une soupe aux saveurs automnales. Des croûtons aux épices, à l'ail...

Des graines : quelques graines de tournesol, de courge, de sésame, préalablement torréfiées dans une poêle pour décupler leurs saveurs, et le tour est joué ! C'est croquant et gourmand, nous dirait un célèbre chef !

Des chips de légumes : des chips de chou kale, de topinambours... On réalise de fines lamelles de légumes à l'aide d'une mandoline ou, à défaut, d'un économe, avant de les faire frire dans une huile bien chaude (huile de tournesol ou de pépins de raisin par exemple), jusqu'à l'obtention de chips légèrement dorées.

Des herbes fraîches : coriandre, menthe, persil, ciboulette... pour apporter un peu de verdure et encore plus de saveurs !

Des oléagineux : noisettes, cacahuètes, noix de cajou, pistaches... Torréfiez vos oléagineux brièvement dans une poêle bien chaude (sans ajout de matières grasses) en surveillant bien, avant de les déposer sur vos préparations au moment de servir. Soit entiers, soit concassés. Plutôt que de les torréfier, vous pouvez également les faire griller au four, en les mélangeant avec un filet d'huile d'olive et des épices. Comptez environ 5 à 6 minutes à 175 °C (th. 5-6).

De la crème : pour un peu de gourmandise, une généreuse cuillerée de crème fraîche épaisse ou pour une touche décorative, un joli tourbillon de crème liquide végétale ou non.

Des fleurs comestibles : bourrache, capucine, ciboulette, souci ou encore fenouil, les fleurs comestibles apporteront à vos soupes un côté printanier et feront chavirer les cœurs de vos invités, à coup sûr !

Du granola : pour apporter une touche croustillante et originale à vos soupes. Il convient très bien avec celles à base de courges.

Et tout ce qui vous fait plaisir : des baies de goji, des châtaignes concassées, du pesto, du parmesan râpé...

LA SOUPE CHOUCHOU DES ENFANTS

SERA MALIGNE !

Double objectif : faire manger de bons produits à vos enfants, et surtout les leur faire aimer. Plusieurs astuces pour y parvenir, avisez et ajustez selon l'appétit, les préférences et le tempérament de vos petits. Ajoutez par exemple un produit qu'ils adorent, comme le beurre de cacahuètes ou le fromage à tartiner, dans un potage plein de bons légumes qu'ils ont tendance à bouder. Ou modifiez petit à petit vos recettes, en diminuant par exemple progressivement la quantité de pommes de terre au profit du légume vert. Soyez imaginatif !

SERA LUDIQUE !

Pâtes rigolotes, mouillettes en forme de poissons, petits cubes de légumes multicolores à pêcher... Toutes les astuces sont bonnes pour mettre de la bonne humeur dans le bol de soupe et pour donner envie aux plus récalcitrants d'y plonger leur cuillère. Le jeu peut commencer avant, en cuisine avec papa ou maman. N'hésitez pas à impliquer vos enfants dans la préparation de vos soupes. Selon leur âge, mettez-les à contribution pour peser les ingrédients, les verser dans le bol du blender, tailler les légumes aux formes de leur choix... Et bien sûr, faites-les participer aux courses, en leur proposant par exemple de choisir les légumes qui leur font envie sur l'étal du maraîcher.

SERA APPÉTISSANTE ET COLORÉE !

Chez les tout-petits aussi, l'appétit s'ouvre tout d'abord avec l'œil. Ne négligez pas l'aspect final de votre création ! Jouez sur les couleurs, les formes, la texture. Pensez pourquoi pas en amont à préparer avec vos enfants de délicieux croûtons, qui mettront du relief dans l'assiette. Parsemez-les ensuite de graines, d'herbes fraîches, décorez-les d'une belle quenelle de crème fraîche, nappez-les d'une cuillerée de ketchup maison... Faites appel à votre créativité !

SERA ÉQUILIBRÉE !

N'hésitez pas à proposer des soupes-repas à vos enfants : accompagnez votre légume star de riz, de pâtes, de légumineuses, de morceaux de viande, de poisson... En plus d'offrir un parfait équilibre nutritionnel, elles présentent l'avantage de vous épargner la corvée des autres plats ! Assaisonnez toujours après cuisson, car les bouillons du commerce sont déjà fortement salés. Variez les protéines animales et végétales, les huiles, les herbes fraîches, vous multiplierez ainsi les bienfaits pour vos tout-petits.

SERA SUR MESURE !

Vous seul(e) connaissez par cœur les goûts de vos enfants, ce qui les attire et ce qui, au contraire, les repousse. Optez pour des veloutés aux textures onctueuses si vos enfants adorent la purée, évitez les couleurs qu'ils rejettent habituellement à table, choisissez en ingrédient star leur légume favori, ou encore ajoutez une épice, une herbe dont ils raffolent.

LES SOUPES

REPAS

Soupe crémeuse AU QUINOA

POUR 4 À 6 PERSONNES

INGRÉDIENTS

1 cuil. à soupe d'huile d'olive • 1 oignon émincé • 3 carottes moyennes pelées et coupées en dés • 2 branches de céleri coupées en tronçons • 2 gousses d'ail émincées • 750 ml de bouillon de légumes • 100 g de quinoa • 1 conserve de tomates concassées • 200 g de sauce tomate • 100 ml de crème fraîche épaisse • 50 g de parmesan râpé

Pour le topping : Parmesan râpé

RÉALISATION

1. Dans le bol du blender, placez tous les ingrédients, excepté le quinoa et le parmesan, puis appuyez sur le mode « soupe épaisse ». Pendant ce temps, rincez le quinoa à l'eau claire, versez-le dans une casserole avec deux fois son volume en eau. Portez à ébullition puis faites cuire 10 à 15 min.

2. Lorsque la soupe est prête, ajoutez le quinoa égoutté et le parmesan, mélangez bien. Répartissez la soupe dans les contenants de votre choix, décorée de parmesan râpé supplémentaire.

PRÉPARATION	CUISSON	MODE CUISSON
20 min	38 min	Soupe épaisse

BON À SAVOIR

Vous pouvez ajouter des épinards frais hachés à la préparation.

Soupe de champignons ET RIZ ROUGE

POUR 4 PERSONNES

INGRÉDIENTS

2 cuil. à soupe d'huile d'olive • 1 oignon rouge émincé • 1 gousse d'ail hachée finement • 1 poignée de champignons Shiitaké • 100 g de riz rouge cuit • 500 g de champignons de Paris émincés • 1 trait de sauce soja • 2 cuil. à soupe de fécule de maïs • 2 à 3 cuil. à soupe de crème fraîche épaisse • 2 cuil. à soupe de ciboulette fraîche ciselée • Les zestes d'un citron jaune non traité • 1 l de bouillon de légumes

RÉALISATION

1. Dans le bol du blender, placez tous les ingrédients, excepté le riz, puis appuyez sur le mode « soupe épaisse ».

2. Lorsque la soupe est prête, ajoutez le riz cuit et mélangez bien. Rectifiez l'assaisonnement si nécessaire, puis dégustez aussitôt.

PRÉPARATION	CUISSON	MODE CUISSON
15 min	28 min	Soupe épaisse

BON À SAVOIR

Pour plus de gourmandise, caramélisez l'oignon rouge préalablement émincé dans une poêle avec un petit fond d'eau. Laissez l'oignon devenir translucide avant d'ajouter un peu de crème de vinaigre balsamique, puis laissez cuire environ 5 min supplémentaires.

Velouté DUBARRY

POUR 6 PERSONNES

INGRÉDIENTS

1 chou-fleur • 2 blancs de poireau • 3 brins de cerfeuil • 1 jaune d'œuf • 10 cl de crème liquide entière • 30 g de beurre • 1 l de bouillon de volaille • 3 cuil. à soupe de farine • 1 cuil. à café de baies roses • Sel • Poivre

RÉALISATION

1. Lavez le chou-fleur et séparez-le en bouquets. Faites-les cuire 10 min à l'eau bouillante salée puis égouttez-les.

2. Émincez les poireaux et faites-les suer 5 min dans une cocotte avec le beurre mousseux. Ajoutez le chou-fleur et la farine, laissez cuire 2 min et versez le bouillon bien chaud. Laissez cuire environ 20 min. Salez et poivrez.

3. Mixez au mixeur plongeant ou au robot pour obtenir une consistance veloutée.

4. Dans un bol, fouettez le jaune d'œuf avec la crème et ajoutez-les dans la soupe juste avant de servir. Décorez de cerfeuil et de baies roses.

PRÉPARATION 25 min

CUISSON 35 min

Soupe haricots noirs, AVOCAT ET TORTILLA

POUR 4 PERSONNES

INGRÉDIENTS

1 à 2 tortillas • 1 cuil. à soupe d'huile d'olive • 1 oignon jaune émincé • 1 poivron vert émincé • 2 gousses d'ail émincées • 200 g de haricots noirs secs • 1 cuil. à café de cumin en poudre • 1 conserve de pulpe de tomates en dés • 1 l de bouillon de légumes • Bicarbonate de soude

Pour le topping : 1 avocat à point • Coriandre fraîche ciselée • Quelques quartiers de citron vert

RÉALISATION

1. Dans le bol du blender, placez l'huile d'olive, le bouillon, le poivron vert, les gousses d'ail, l'oignon, la pulpe de tomates en dés et le cumin, puis appuyez sur le mode « soupe épaisse ». Pendant ce temps, faites cuire les haricots noirs environ 1 h 15 dans une casserole d'eau bouillante salée avec un peu de bicarbonate de soude (pour accélérer la cuisson). Vous pouvez également les faire tremper la veille. En parallèle, coupez les tortillas en lamelles, badigeonnez-les d'huile d'olive, puis faites-les cuire 6 min à 185°C (th. 6-7), en surveillant bien la cuisson.

2. Lorsque la soupe est prête, ajoutez les haricots noirs et mélangez bien. Répartissez la soupe dans les contenants de votre choix, décorée de coriandre ciselée, de cubes d'avocat, d'un quartier de citron vert et des tortillas.

PRÉPARATION	CUISSON	MODE CUISSON
15 min	1 h 43 min	Soupe épaisse

BON À SAVOIR

Vous pouvez remplacer les cubes d'avocat par une cuillerée à soupe de guacamole et saupoudrer la soupe de cheddar râpé.

Velouté de potiron AU FOIE GRAS

POUR 6 PERSONNES

INGRÉDIENTS

240 g de foie gras cru • 1 kg de chair de potiron • ½ oignon • ½ carotte • 1 brin de persil • 20 g de beurre • 50 cl de bouillon de volaille • 50 cl de crème liquide • 1 cuil. à soupe d'huile d'olive • Sel • Poivre

RÉALISATION

1. Coupez et évidez le potiron à cru, puis détaillez-le en quartiers. Coupez l'oignon et la carotte en grosse mirepoix. Dans une cocotte, faites-les suer sans coloration dans l'huile et le beurre, puis ajoutez le potiron. Mouillez avec le bouillon de volaille, portez à ébullition et laissez frémir pendant 45 min. Vérifiez la cuisson du potiron en plantant la lame d'un couteau dedans. Retirez du feu et mixez à chaud. Remettez la cocotte sur le feu et ajoutez la crème liquide. Salez et poivrez. Après une petite ébullition, passez le velouté au chinois. Réservez au chaud.

2. Trempez la lame d'un couteau dans l'eau bouillante, puis taillez des tranches épaisses de foie gras. Salez et poivrez. Faites-les griller dans une poêle à griller sans matière grasse. Retournez-les et vérifiez leur cuisson en enfonçant un spaghetti cru dedans : il ne doit pas se casser.

3. Répartissez le velouté chaud dans des assiettes creuses et déposez le foie gras poêlé. Parsemez de persil.

PRÉPARATION 20 min

CUISSON 55 min

Soupe DE POISSONS

POUR 4 À 6 PERSONNES

INGRÉDIENTS

300 g de pommes de terre • 1 l de bouillon de légumes • 200 g de cabillaud frais et coupé en morceaux • 200 g de saumon frais (ou truite) coupé en morceaux • 150 g de haddock fumé coupé en morceaux • 125 g de crevettes décortiquées • 4 à 5 cuil. à soupe de crème fraîche épaisse • 2 branches de céleri coupées en tronçons • 1 poireau émincé • 100 ml de vin blanc sec • 1 oignon pelé et émincé • Noix de muscade râpée • Poivre du moulin
Pour le topping : Ciboulette fraîche ciselée • Crème fraîche épaisse

RÉALISATION

1. Dans le bol du blender, placez tous les ingrédients, excepté les poissons et les crevettes, puis appuyez sur le mode « soupe épaisse ». Pendant ce temps, faites cuire les poissons et les crevettes environ 10 min à l'eau (ou à la vapeur).

2. Lorsque la soupe est prête, ajoutez les poissons et les crevettes et mélangez bien. Répartissez la soupe dans les contenants de votre choix, décorée d'une cuillerée de crème fraîche et de ciboulette ciselée.

PRÉPARATION	CUISSON	MODE CUISSON
25 min	28 min	Soupe épaisse

BON À SAVOIR

Variez les plaisirs : remplacez les crevettes par des moules, le haddock par du saumon fumé, du maquereau, du merlu…

Soupe DE NOUILLES

POUR 4 PERSONNES

INGRÉDIENTS

160 g de nouilles (soba) • 1 l de bouillon de légumes (ou de miso) • 100 g de champignons de Paris émincés • 500 g de chou chinois émincé • 250 g de tofu • 1 cm de gingembre frais haché

Pour le topping : 1 oignon nouveau émincé • 4 œufs • Huile de sésame (facultatif) • Graines de sésame noir (facultatif)

RÉALISATION

1. Dans le bol du blender, placez le bouillon, les champignons, le chou chinois et le gingembre, puis appuyez sur le mode « soupe épaisse ». Pendant ce temps, faites cuire les nouilles comme indiqué sur le paquet. Coupez le tofu en cubes et faites-le rôtir environ 15 min dans un four préchauffé à 200°C (th. 6-7) en les retournant à mi-cuisson. Si le tofu est nature, vous pouvez le mélanger avec un peu d'huile d'olive et les épices de votre choix.

2. Lorsque la soupe est prête, ajoutez les nouilles et mélangez bien. Répartissez la soupe dans les contenants de votre choix, décorée d'oignon nouveau ciselé, du tofu. Garnissez chaque bol d'un œuf dur ou d'un œuf sur le plat, puis terminez par des graines de sésame et un filet d'huile de sésame.

PRÉPARATION	CUISSON	MODE CUISSON
15 min	28 min	Soupe épaisse

BON À SAVOIR

L'œuf peut ici être dans tous ses états : sur le plat, dur ou encore mollet.

Velouté vert
AU RIZ ET ŒUF MOLLET

POUR 4 PERSONNES

INGRÉDIENTS

• 1 kg d'épinards • 250 g de ricotta • 2 cuil. à soupe de graines de sésame • 1 bouquet de persil plat • 4 œufs • 200 g de riz rond • Sel • Poivre

RÉALISATION

1. Faites chauffer 1,5 l d'eau salée dans une grande casserole et versez le riz. Faites-le cuire 30 à 35 min, jusqu'à ce qu'il soit bien tendre. Rectifiez le niveau d'eau si elle s'évapore trop vite. Égouttez le riz.

2. Mettez à chauffer une autre casserole d'eau bouillante salée. Lavez et rincez le persil et les épinards, équeutez-les. Lorsque l'eau bout, jetez les herbes dedans. Attendez la reprise de l'ébullition et égouttez-les. Mixez-les avec un fond d'eau de cuisson pour obtenir une consistance très lisse. Réunissez cette purée dans la casserole avec le riz. Salez et poivrez.

3. Faites cuire les œufs mollets pendant 6 min dans une casserole d'eau bouillante. Égouttez-les et rafraîchissez-les dans un bain d'eau froide avant de les écaler avec précaution.

4. Répartissez le velouté vert au riz dans des bols et ajoutez 1 cuil. à soupe de ricotta, placez délicatement à côté 1 œuf mollet. Parsemez de sésame.

PRÉPARATION 15 min

CUISSON 30 min

Soupe citronnée AU POULET

POUR 4 PERSONNES

INGRÉDIENTS

- 1 cuil. à soupe d'huile d'olive • 1 oignon émincé
- 1 gousse d'ail hachée finement • 2 blancs de poulet
- Le jus et les zestes de 1 à 2 citrons jaunes non traités
- 2 carottes moyennes, pelées et en rondelles
- 2 branches de céleri, coupées en morceaux
- 1 l de bouillon de légumes

RÉALISATION

1. Faites cuire les blancs de poulet dans une poêle bien huilée, environ 5 à 10 min de chaque côté. Les blancs doivent être cuits au cœur et légèrement dorés. Laissez-les tiédir avant de les couper en fines lamelles.

2. Dans le bol du blender, placez tous les ingrédients, puis appuyez sur le mode « soupe épaisse ».

3. Lorsque la soupe est prête, servez aussitôt.

BON À SAVOIR

Pour une version végétarienne, remplacez le poulet par 200 g de tofu. Il faudra juste l'ajouter une fois la soupe prête, en l'ayant fait revenir au préalable, en cubes, dans une poêle légèrement huilée.

PRÉPARATION	CUISSON	MODE CUISSON
15 min	28 min	Soupe épaisse

Minestrone

POUR 4 À 6 PERSONNES

INGRÉDIENTS

1 cuil. à soupe d'huile d'olive • 1 oignon rouge émincé • 1 gousse d'ail émincée • 2 carottes pelées et coupées en morceaux • 2 branches de céleri coupées en tronçons • 1 boîte de tomates en dés • 400 g de haricots rouges cuits (ou environ 200 g crus) • 160 g de pâtes au choix (ici, des rubanelles) • 4 poignées d'épinards frais grossièrement hachés • 1 poireau émincé • 1 poignée de basilic frais haché • 1 l de bouillon de légumes • 1 cuil. à café de concentré de tomates • 1 cuil. à soupe de jus de citron • Paprika en poudre (au goût) • Parmesan râpé ou en copeaux

RÉALISATION

1. Dans le bol du blender, placez tous les ingrédients, excepté les pâtes et les haricots rouges, puis appuyez sur le mode « soupe épaisse ». Pendant ce temps, faites cuire les pâtes dans une casserole d'eau salée frémissante, comme indiqué sur le paquet. Si vous utilisez des haricots rouges crus, mettez-les à tremper la veille dans un saladier rempli d'eau, puis le lendemain faites-les cuire environ 1 h dans de l'eau bouillante salée à couvert.

2. Lorsque la soupe est prête, ajoutez les pâtes et les haricots rouges et mélangez bien. Rectifiez l'assaisonnement si nécessaire. Répartissez la soupe dans les contenants de votre choix, décorée de parmesan.

PRÉPARATION	CUISSON	MODE CUISSON
15 min	1 h 38	Soupe épaisse

BON À SAVOIR

Le minestrone est une soupe qui se décline à l'infini et tout au long de l'année. Préparez-la avec des légumes de saison, des courges à l'automne, des petits pois et des courgettes l'été… et utilisez les pâtes de votre choix.

Velouté de moules AU SAFRAN

POUR 4 PERSONNES

INGRÉDIENTS

1 l de moules de bouchot nettoyées par votre poissonnier • 1 poireau • 1 tomate • 2 échalotes • 3 brins de cerfeuil • 1 cuil. à soupe d'estragon • 10 cl de crème fraîche liquide • 70 g de beurre • 80 cl de fumet de poisson • 25 cl de vin blanc • 1 dosette de safran • Sel • Poivre

RÉALISATION

1. Émincez les échalotes. Faites-en blondir une dans une grande cocotte avec 1 noix de beurre. Ajoutez les moules, versez le vin blanc et laissez-les cuire à feu vif pendant environ 5 min, jusqu'à ce qu'elles s'ouvrent, en les mélangeant bien. Retirez-les à l'aide d'une écumoire et décoquillez-les. Mettez-les de côté dans un bol. Filtrez le contenu de la cocotte à travers une passoire.

2. Pelez et épépinez la tomate. Coupez le poireau en fines lamelles. Faites chauffer le fumet de poisson. Ajoutez le safran et l'estragon. Salez et poivrez. Dans une grande casserole, faites revenir l'échalote restante dans 25 g de beurre pendant 2 min. Ajoutez la tomate et le poireau et laissez cuire encore 5 min.

3. Saupoudrez de la farine, mélangez bien et versez doucement le fumet de poisson et le jus des moules. Ajoutez 30 g de beurre et la crème fraîche. Salez, poivrez et mélangez bien. Laissez cuire 3 min. Répartissez les moules tiédies dans des assiettes creuses et versez dessus un peu de velouté. Décorez de pluches du cerfeuil et dégustez aussitôt.

PRÉPARATION 30 min

CUISSON 20 min

Soupe vermicelles CURRY, COCO, CHAMPIGNONS

POUR 4 PERSONNES

INGRÉDIENTS

• 200 g de champignons de Paris tranchés finement • 400 ml de lait de coco • 1 cuil. à café de curry en poudre • 1 cuil. à café d'huile de coco • 1 oignon nouveau ciselé • 1 gousse d'ail hachée finement • 1 cuil. à café de miel • 1 cm de gingembre frais haché • 100 g de vermicelles (appelés aussi cheveux d'ange) • 500 ml de bouillon de légumes • Le jus d'½ citron vert • Poivre du moulin

Pour le topping : 1 oignon nouveau ciselé • Quelques tranches fines de champignons de Paris crus

RÉALISATION

1. Dans le bol du blender, placez tous les ingrédients, excepté les vermicelles, puis appuyez sur le mode « soupe épaisse ». Pendant ce temps, faites cuire les vermicelles 5 min dans une casserole d'eau frémissante.

2. Lorsque la soupe est prête, ajoutez les vermicelles et mélangez bien. Répartissez la soupe dans les contenants de votre choix, décorée d'oignon nouveau ciselé et des tranches de champignons.

BON À SAVOIR

Vous pouvez remplacer les vermicelles par des nouilles.

PRÉPARATION	CUISSON	MODE CUISSON
15 min	28 min	Soupe épaisse

Soupe pommes de terre, HARICOTS VERTS ET PATATES DOUCES

POUR 4 PERSONNES

INGRÉDIENTS

• 1 cuil. à soupe d'huile d'olive • 1 oignon rouge émincé • 1 gousse d'ail hachée finement • 1 grosse patate douce pelée et coupée en morceaux
• 200 g de haricots verts fins • 2 petites pommes de terre pelées et coupées en morceaux
• 60 g de lentilles vertes crues • 750 ml de bouillon de légumes • ½ cuil. à café de cannelle en poudre
• ½ cuil. à café de paprika • ½ cuil. à café de cumin
• ½ cuil. à café de curcuma • Coriandre fraîche pour le dressage

RÉALISATION

1. Dans le bol du blender, placez tous les ingrédients, sauf les lentilles. Appuyez sur le mode « soupe épaisse ». Rincez les lentilles vertes puis cuisez-les dans trois fois leur volume en eau. Comptez environ 25 min après ébullition.

2. Lorsque la soupe est prête, ajoutez les lentilles vertes cuites. Servez la soupe accompagnée de coriandre fraîche ciselée.

BON À SAVOIR

La coriandre facilite la digestion, alors n'hésitez pas à en user et en abuser, notamment avec des lentilles et des féculents.

PRÉPARATION	CUISSON	MODE CUISSON
20 min	28 min	Soupe épaisse

Soupe lentilles, pois chiches, grenade et coriandre

POUR 4 PERSONNES

INGRÉDIENTS

• 1 conserve (400 g) de pois chiches égouttés • 90 g de lentilles vertes cuites • 2 oignons rouges émincés • 2 carottes pelées et coupées en morceaux • 1 cuil. à café de cumin en poudre • 1 cm de gingembre frais émincé • ½ cuil. à café de cannelle en poudre • ½ cuil. à café de curcuma en poudre • 1 cuil. à soupe d'huile d'olive • 1 l de bouillon de légumes

Pour le topping : 1 cuil. à café de graines de cumin • Les graines d'½ grenade • Menthe fraîche ciselée • Coriandre fraîche ciselée

RÉALISATION

1. Dans le bol du blender, placez l'huile d'olive, le bouillon de légumes, les oignons, les carottes, le cumin en poudre, la cannelle, le curcuma et le gingembre, puis appuyez sur le mode « soupe épaisse ». Pendant ce temps, égouttez les pois chiches et retirez la fine peau qui les entoure.

2. Lorsque la soupe est prête, ajoutez les pois chiches et les lentilles vertes et mélangez bien. Répartissez la soupe dans les contenants de votre choix, décorée de graines de cumin et de grenade et de menthe et coriandre fraîches ciselées.

BON À SAVOIR

Pour une soupe d'inspiration marocaine, n'hésitez pas à y ajouter des raisins secs préalablement gonflés dans un bol d'eau chaude. De plus, n'oubliez pas de conserver le jus de vos pois chiches, il pourra vous servir en remplacement de blancs d'œufs dans de nombreuses recettes vegans, notamment la mousse au chocolat.

PRÉPARATION	CUISSON	MODE CUISSON
15 min	28 min	Soupe épaisse

Soupe de haricots mungo À LA GRENADE

POUR 4 PERSONNES

BON À SAVOIR

Le haricot mungo, ou soja vert, peut être consommé en salade ou dans diverses préparations, lorsqu'il se transforme en pousses de soja, après les avoir fait germer 4 à 6 jours.

INGRÉDIENTS

• 300 g de haricots mungo cuits • 1 cuil. à soupe d'huile d'olive • 2 oignons émincés • 2 gousses d'ail hachées finement • 1 cuil. à café de cumin en poudre • 1 cuil. à café de curcuma en poudre • 1 betterave moyenne pelée et râpée finement • 750 ml de bouillon de légumes • 2 grosses poignées de persil frais ciselé • 2 grosses poignées de menthe fraîche ciselée • 2 grosses poignées de coriandre fraîche ciselée

Pour le topping : Yaourt grec • Graines de grenade • Huile d'olive • Herbes fraîches ciselées (persil, coriandre et menthe)

RÉALISATION

1. Dans le bol du blender, placez tous les ingrédients, puis appuyez sur le mode « soupe épaisse ».

2. Lorsque la soupe est prête, répartissez-la dans des bols, décorée d'une généreuse cuillerée à soupe de yaourt grec, d'un filet d'huile d'olive, de graines de grenade et d'herbes fraîches ciselées.

PRÉPARATION	CUISSON	MODE CUISSON
15 min	15 min	Soupe épaisse

Soupe tomate, PESTO, BURRATA

POUR 4 PERSONNES

INGRÉDIENTS

800 g de tomates concassées (fraîches ou en conserve) • 1 cuil. à café de concentré de tomates • 1 tête d'ail • 1 cuil. à soupe d'huile d'olive • 2 poignées de basilic frais haché • 1 cuil. à café de crème de vinaigre balsamique ou de vinaigre de vin rouge • 500 ml de bouillon de légumes

Pour le topping : Pesto • Pignons de pin torréfiés • 125 g à 250 g de mozzarella di bufala campana • Quelques feuilles de basilic frais

RÉALISATION

1. Commencez par faire rôtir la tête d'ail en entier pendant 35 à 40 min dans un four préchauffé à 180°C (th. 6).

2. Dans le bol du blender, placez l'huile d'olive, les tomates concassées, le concentré de tomates, l'ail rôti (il suffit juste d'exercer une pression avec les doigts pour l'extraire), le basilic, le vinaigre et le bouillon, puis appuyez sur le mode « soupe fine ».

3. Lorsque la soupe est prête, répartissez-la dans les contenants de votre choix, décorée de morceaux de mozzarella, de pesto, de pignons de pin et de quelques feuilles de basilic. Accompagnez-la de toasts à l'huile d'olive.

PRÉPARATION	CUISSON	MODE CUISSON
15 min	1 h	Soupe fine

BON À SAVOIR

L'avantage de cette soupe réside dans le fait qu'elle se consomme aussi bien chaude que froide façon gaspacho ! De quoi en profiter en toutes saisons !

LES SOUPES

BIEN-ÊTRE

Bouillon à la citronnelle

POUR 4 À 6 PERSONNES

INGRÉDIENTS

250 g de crevettes cuites • 2 branches de céleri • 1 cm de gingembre frais haché • 2 oignons nouveaux hachés • 1 gousse d'ail émincée • 750 ml de bouillon de légumes • 1 morceau de citronnelle haché finement (environ 7 cm) • 3 carottes pelées et coupées en lamelles épaisses • 250 g de champignons de Paris coupés en lamelles épaisses

Pour le topping : Coriandre fraîche

RÉALISATION

1. Dans le bol du blender, placez tous les ingrédients, à l'exception des crevettes, puis appuyez sur le mode « soupe épaisse ».

2. Lorsque la soupe est prête, ajoutez les crevettes cuites et décortiquées. Répartissez le bouillon dans des bols et décorez de feuilles de coriandre fraîche.

PRÉPARATION	CUISSON	MODE CUISSON
20 min	28 min	Soupe épaisse

BON À SAVOIR

On trouve généralement les bâtons de citronnelle au rayon fruits exotiques. À défaut, utilisez de la surgelée ou remplacez-la par du curcuma frais.

Soupe de courgette AU CHÈVRE FRAIS, DÉS DE TOFU FUMÉ

POUR 4 À 6 PERSONNES

INGRÉDIENTS

800 g de courgettes • 150 g de chèvre frais • 125 g de tofu fumé • 60 g de noisettes • 1 oignon • 1 branche de céleri • 25 cl de bouillon de légumes • 20 cl de lait • 2 cuil. à soupe d'huile d'olive • 1 cuil. à soupe de miel • 20 brins de persil plat • Paprika fumé • Sel • Poivre

RÉALISATION

1. Épluchez 600 g de courgettes et l'oignon, puis taillez-les en morceaux réguliers. Émincez la branche de céleri. Placez les courgettes, l'oignon, le céleri et les noisettes dans le bol du blender. Ajoutez le lait, le bouillon de légumes et l'huile d'olive. Mélangez bien avec une cuillère en bois, puis appuyez sur le programme « soupe fine ».

2. Pendant la cuisson, émincez le reste de la courgette en fines lanières. Émiettez le chèvre frais. Taillez le tofu en dés.

3. Lorsque la soupe est prête, ajoutez le chèvre frais, le miel, 5 brins de persil et quelques pincées de paprika fumé. Salez et poivrez à votre convenance, puis appuyez quelques secondes sur le programme « mixer ».

4. Versez votre soupe dans des bols ou des assiettes creuses, puis répartissez les dés de tofu, les lanières de courgette et le reste des brins de persil. Dégustez bien chaud.

PRÉPARATION	CUISSON	MODE CUISSON
20 min	27 min	Soupe fine

Velouté de feuilles ET D'HERBES

POUR 6 PERSONNES

INGRÉDIENTS

1 kg d'épinards frais • Les premières feuilles d'une laitue • 1 poireau • 2 cébettes • 1 botte de persil • 15 cl de crème liquide • 125 g de gorgonzola • 4 cuil. à café de graines (courge, tournesol...) • 1 cuil. à soupe d'huile • Sel • Poivre

RÉALISATION

1. Rincez les feuilles d'épinards, de laitue et le persil. Lavez et émincez le poireau. Ciselez les cébettes. Dans une grande casserole, faites blondir 5 min le poireau et les cébettes dans l'huile. Ajoutez les épinards et la laitue, mélangez et couvrez d'eau à hauteur. Salez, poivrez et faites cuire à couvert 20 min.

2. Faites chauffer la crème et ajoutez le fromage coupé en petits morceaux. Laissez cuire 3 min, juste le temps que le fromage fonde. Donnez un petit coup de fouet.

3. Mixez fortement la soupe pour obtenir une consistance bien lisse. Rectifiez l'assaisonnement. Répartissez-la dans des bols ou des assiettes creuses et ajoutez la crème au fromage et quelques graines. Dégustez aussitôt.

4. Ne faites pas trop cuire le velouté pour lui conserver sa couleur. Vous pouvez remplacer le gorgonzola par du roquefort ou tout autre fromage à pâte persillée.

PRÉPARATION 15 min

CUISSON 30 min

Soupe de pois chiches AU TAHINI ET AU CITRON

POUR 4 PERSONNES

INGRÉDIENTS

• 1 cuil. à soupe d'huile d'olive • 1 échalote émincée • 1 gousse d'ail hachée finement • 1 conserve de pois chiches (400 g net) + 1 poignée • 1 carotte pelée et coupée en morceaux • 1 branche de céleri coupée en morceaux avec les feuilles • 2 cuil. à soupe de tahini (crème de sésame) • Les zestes et le jus d'½ citron jaune non traité • 500 ml à 750 ml de bouillon de légumes

Pour le topping : 1 poignée de pois chiches grillés

RÉALISATION

1. Dans le bol du blender, placez tous les ingrédients, puis appuyez sur le mode « soupe fine ».

2. Réalisez des pois chiches grillés : séchez bien la poignée de pois chiches à l'aide de papier absorbant. Disposez-les sur une plaque recouverte de papier sulfurisé. Arrosez d'un filet d'huile d'olive et des épices de votre choix (ici, du cumin), mélangez bien, puis enfournez pour environ 10 à 15 min à 180°C (th. 6). Surveillez régulièrement et retournez à mi-cuisson.

3. Lorsque la soupe est prête, répartissez-la dans des bols, décorée d'un filet de tahini (légèrement liquéfié avec un peu de jus de citron), de pois chiches grillés et de quelques graines de sésame.

BON À SAVOIR

Les pois chiches grillés sont également idéaux à l'heure de l'apéritif, à la fois sains et savoureux !

PRÉPARATION	CUISSON	MODE CUISSON
15 min	21 min	Soupe fine

Soupe de fanes DE RADIS

POUR 4 PERSONNES

INGRÉDIENTS

• 1 cuil. à soupe d'huile d'olive • 2 petits oignons émincés • 1 gousse d'ail hachée finement • Les fanes d'une botte de radis • 2 grosses pommes de terre pelées et coupées en morceaux • 3 cuil. à soupe de crème fraîche épaisse (facultatif) • 750 ml de bouillon de légumes • ½ cuil. à café de curry en poudre • Poivre du moulin • Coriandre fraîche pour le dressage

RÉALISATION

1. Dans le bol du blender, placez tous les ingrédients, sauf la crème fraîche. Appuyez sur le mode « soupe fine ».

2. Lorsque la soupe est prête, servez-la accompagnée d'un peu de crème fraîche et de rondelles de radis au goût.

BON À SAVOIR

Cette soupe permet d'éviter de jeter les fanes de légumes, qui sont souvent délaissées. La recette se réalise dès l'achat des radis, avant que les fanes ne se flétrissent. On peut aussi réaliser ce genre de soupe avec d'autres fanes : de betteraves, de carottes...

PRÉPARATION	CUISSON	MODE CUISSON
15 min	21 min	Soupe fine

Soupe de lentilles, RICOTTA AUX HERBES

POUR 4 PERSONNES

INGRÉDIENTS

500 g de lentilles vertes • 1 carotte • 1 oignon • 200 g de ricotta • 50 g de pistaches • 1 gousse d'ail • 2 brins de persil • 5 brins de ciboulette • 1 brin de menthe • 1 citron vert • 3 clous de girofle • 3 brins de thym • 1 bouquet garni • 10 cl de crème liquide • 2 cuil. à soupe d'huile d'olive • Sel • Poivre

RÉALISATION

1. Rincez les lentilles. Pelez l'oignon et piquez-le avec les clous de girofle. Pelez et coupez la carotte en rondelles. Faites chauffez l'huile d'olive dans une cocotte, ajoutez la carotte, l'oignon, les queues de persil, le thym, le bouquet garni, les lentilles et versez de l'eau à hauteur. Laissez cuire environ 30 min jusqu'à ce que les lentilles soient tendres. Retirez l'oignon, le bouquet garni, le thym. Mixez fortement les lentilles, la carotte et la crème liquide. Salez et poivrez et tenez au chaud.

2. Concassez les pistaches. Lavez et ciselez les feuilles de persil, de menthe et la ciboulette. Zestez le citron vert. Mélangez la ricotta avec les herbes, les pistaches, les zestes du citron et la moitié de son jus. Salez et poivrez.

3. Versez la crème de lentilles chaude. Formez des quenelles de ricotta aux herbes et déposez-les dans chaque assiette. Dégustez.

PRÉPARATION 20 min

CUISSON 30 min

Soupe verte et œuf poché

POUR 4 À 6 PERSONNES

INGRÉDIENTS

300 g de feuilles d'épinard à cuire • 200 g de pommes de terre • 4-6 œufs • 1 oignon • 1 gousse d'ail • 50 cl de bouillon de légumes • 2 cuil. à soupe de crème fraîche • 20 g de persil • Sel • Poivre

RÉALISATION

1. Épluchez les pommes de terre, puis taillez-les en morceaux réguliers. Épluchez l'oignon et la gousse d'ail, dégermez l'ail, puis hachez-les grossièrement. Placez les épinards, les pommes de terre, l'oignon, l'ail, le bouillon de légumes et le persil dans le bol du blender. Mélangez bien avec une cuillère en bois, puis appuyez sur le programme « soupe fine ».

2. Pendant la cuisson, faites cuire les œufs pochés dans une casserole d'eau bouillante. Réservez-les sur une assiette.

3. Lorsque la soupe est prête, ajoutez la crème fraîche. Salez et poivrez à votre convenance, puis versez dans des bols ou des assiettes creuses. Déposez délicatement les œufs pochés, et dégustez bien chaud.

PRÉPARATION 15 min

CUISSON 32 min

Soupe lentilles corail, CAROTTES, ORANGE ET BAIES DE GOJI

POUR 4 PERSONNES

INGRÉDIENTS

1 cuil. à soupe d'huile d'olive • 1 oignon émincé • 1 gousse d'ail hachée finement • 150 g de lentilles corail • 3 carottes moyennes, pelées et coupées en morceaux (260 g) • Le jus et les zestes d'½ orange non traitée • 750 ml de bouillon de légumes • 40 g de baies de goji • Sel • Poivre du moulin

RÉALISATION

1. Dans le bol du blender, placez tous les ingrédients, puis appuyez sur le mode « soupe fine ».

2. Lorsque la soupe est prête, répartissez-la dans des bols, décorée de baies de goji supplémentaires.

PRÉPARATION	CUISSON	MODE CUISSON
15 min	21 min	Soupe fine

BON À SAVOIR

La baie de goji est connue pour ses nombreux bienfaits. Riche en vitamine C, elle est une excellente source d'antioxydants et renforcerait les défenses naturelles de l'organisme.

Soupe de radis noirs AU LAIT DE COCO ET AUX NOIX DE CAJOU

POUR 4 PERSONNES

INGRÉDIENTS

1 cuil. à soupe d'huile d'olive • 1 gros radis noir pelé et coupé en morceaux (300 g) • 3 pommes de terre de taille moyenne, pelées et coupées en morceaux (280 g) • 500 ml de bouillon de légumes • 400 ml de lait de coco • 2 cuil. à soupe de purée de noix de cajou (2 poignées de noix de cajou préalablement trempées dans de l'eau puis mixées) • Sel • Poivre du moulin • Noix de muscade

RÉALISATION

1. Dans le bol du blender, placez tous les ingrédients, puis appuyez sur le mode « soupe fine ».

2. Lorsque la soupe est prête, rectifiez l'assaisonnement si nécessaire en salant et en poivrant au goût, puis ajoutez un peu d'eau si la soupe n'est pas assez liquide. Servez aussitôt.

PRÉPARATION	CUISSON	MODE CUISSON
15 min	21 min	Soupe fine

BON À SAVOIR

Le radis noir est largement plébiscité pour ses nombreuses vertus, notamment celles de drainer le foie et de participer à l'élimination des toxines.

Soupe de petits pois à l'avocat

POUR 4 À 6 PERSONNES

INGRÉDIENTS

500 g de petits pois écossés • 2 avocats • 50 cl de bouillon de légumes • 25 cl de crème liquide • 3 cuil. à soupe d'huile d'olive • 2 cuil. à soupe de crème fraîche • 4 feuilles de basilic • Sel • Poivre

RÉALISATION

1. Placez les petits pois, le bouillon de légumes et l'huile d'olive dans le bol du blender. Mélangez bien avec une cuillère en bois, puis appuyez sur le programme « soupe lisse ».

2. Pendant la cuisson, coupez les avocats en deux et dénoyautez-les. Récupérez la chair et taillez-la en morceaux réguliers. Montez la crème liquide en crème fouettée avec un peu de sel et de poivre.

3. Lorsque la soupe est prête, ajoutez les morceaux d'avocat et les feuilles de basilic. Appuyez sur le programme « smoothie ». Ajoutez la crème fraîche, salez et poivrez à votre convenance. Versez dans des bols ou des assiettes creuses, puis ajoutez une cuillère de crème fouettée. Dégustez bien chaud.

PRÉPARATION	CUISSON	MODE CUISSON
15 min	28 min	Soupe lisse

Velouté de fèves AU SAUMON

POUR 4 À 6 PERSONNES

INGRÉDIENTS

450 g de fèves cuites • 400 g de saumon • 200 g de pommes de terre • ½ oignon • 1 gousse d'ail • 50 cl de bouillon de légumes • 1 cuil. à soupe de crème fraîche • 2 cuil. à soupe d'huile d'olive • 2 brins de menthe • Sel • Poivre

RÉALISATION

1. Épluchez les pommes de terre, puis taillez-les en morceaux réguliers. Épluchez l'oignon et la gousse d'ail, dégermez l'ail, puis hachez-les grossièrement. Placez les fèves, les pommes de terre, l'oignon, l'ail, le bouillon de légumes, la moitié de l'huile d'olive et 2 feuilles de menthe dans le bol du blender. Mélangez bien avec une cuillère en bois, puis appuyez sur le programme « soupe fine ».

2. Pendant la cuisson, taillez le saumon en gros cubes. Faites-les cuire dans une poêle avec le reste de l'huile d'olive, puis réservez-les au chaud.

3. Lorsque la soupe est prête, ajoutez la crème fraîche. Salez et poivrez à votre convenance, puis versez dans des bols ou des assiettes creuses. Ajoutez les cubes de saumon et décorez de quelques feuilles de menthe. Dégustez bien chaud.

PRÉPARATION	CUISSON	MODE CUISSON
25 min	32 min	Soupe fine

Soupe lentilles vertes, TOPINAMBOURS

POUR 4 PERSONNES

INGRÉDIENTS

1 cuil. à soupe d'huile d'olive • 1 oignon émincé • 1 gousse d'ail hachée finement • 250 g de lentilles vertes (cuites) • 1 l de bouillon de légumes • 350 g de topinambours épluchés et coupés en morceaux • 1 cuil. à café d'herbes de Provence

Pour le topping : Chips de topinambours (facultatif)

RÉALISATION

1. Dans le bol du blender, placez tous les ingrédients, puis appuyez sur le mode « soupe fine ».

2. Réalisez des chips de topinambours : coupez un topinambour épluché en lamelles fines à l'aide d'une mandoline puis faites-les frire quelques minutes dans un peu d'huile de friture frémissante, jusqu'à l'obtention de chips joliment dorées. Disposez-les aussitôt sur du papier absorbant.

3. Lorsque la soupe est prête, répartissez-la dans des bols, décorée des chips réalisées.

PRÉPARATION 15 min | CUISSON 21 min | MODE CUISSON Soupe fine

BON À SAVOIR

Pour plus de goût, faites cuire les lentilles vertes avec une feuille de laurier.

Soupe de betterave au cumin, graines germées de petits pois

POUR 4 À 6 PERSONNES

INGRÉDIENTS

• 500 g de betteraves rouges cuites • 200 g de pommes de terre • 1 botte de graines germées de petits pois • 1 échalote • 35 cl de bouillon de légumes • 20 cl de crème liquide • Cumin moulu • Sel • Poivre

RÉALISATION

1. Taillez les betteraves en morceaux réguliers. Épluchez les pommes de terre et l'échalote, puis taillez-les en morceaux réguliers. Placez les betteraves, les pommes de terre, l'échalote et le bouillon dans le bol du blender. Mélangez bien avec une cuillère en bois, puis appuyez sur le programme « soupe fine ».

2. Lorsque la soupe est prête, ajoutez quelques pincées de cumin. Salez et poivrez à votre convenance, puis versez dans des bols ou des assiettes creuses. Arrosez d'un filet de crème liquide et décorez de graines germées. Dégustez bien chaud.

PRÉPARATION	CUISSON	MODE CUISSON
15 min	28 min	Soupe fine

Velouté de radis AU GINGEMBRE

POUR 4 À 6 PERSONNES

INGRÉDIENTS

• 400 g de radis • 100 g de pommes de terre
• 2 petites pommes • 60 cl de bouillon de légumes
• 2 cuil. à soupe d'huile d'olive • 2 cm de gingembre
• Quelques feuilles de cresson • Quelques fleurs comestibles (facultatif) • Sel • Poivre

RÉALISATION

1. Coupez le vert et les queues des radis. Épluchez les pommes, épépinez-les, puis taillez-les en morceaux réguliers. Pelez le gingembre, puis émincez-le finement. Placez tous les ingrédients dans le bol du blender, à l'exception du cresson et des fleurs. Mélangez bien avec une cuillère en bois, puis appuyez sur le programme « soupe fine ».

2. Lorsque la soupe est prête, salez et poivrez à votre convenance. Versez-la dans des bols ou des assiettes creuses, puis répartissez les feuilles de cresson et les fleurs comestibles. Dégustez bien chaud.

PRÉPARATION	CUISSON	MODE CUISSON
15 min	28 min	Soupe fine

Velouté d'oignons nouveaux, CHANTILLY AU POIVRE

POUR 4 À 6 PERSONNES

INGRÉDIENTS

300 g de pommes de terre • 300 g d'oignons nouveaux (1 grosse botte) • 2 gousses d'ail • 30 cl de bouillon de légumes • 30 cl de lait • 20 cl de crème liquide • 2 cuil. à soupe d'huile d'olive • Sel • Poivre

RÉALISATION

1. Émincez les oignons nouveaux. Épluchez les pommes de terre, puis taillez-les en morceaux réguliers. Épluchez les gousses d'ail, dégermez-les puis émincez-les. Placez tous les ingrédients dans le bol du blender, à l'exception de la crème liquide et de 1 cuillerée à soupe d'oignon nouveau émincé. Mélangez bien avec une cuillère en bois, puis appuyez sur le programme « soupe fine ».

2. Pendant la cuisson, montez la crème liquide en crème fouettée avec un peu de sel et de poivre.

3. Lorsque la soupe est prête, salez et poivrez à votre convenance. Versez-la dans des bols ou des assiettes creuses, puis déposez une quenelle de crème fouettée au poivre. Décorez du reste de l'oignon nouveau et dégustez bien chaud.

PRÉPARATION	CUISSON	MODE CUISSON
20 min	28 min	Soupe fine

Velouté de persil tubéreux AU GINGEMBRE, COULIS DE PERSIL

POUR 4 À 6 PERSONNES

INGRÉDIENTS

550 g de persils tubéreux • 200 g de pommes de terre • 1 oignon • 1 branche de céleri • 1 bouquet de persil • 40 cl de bouillon de légumes • 20 cl de lait • 2 cuil. à soupe de crème fraîche • 15 cl d'huile d'olive • 1 cuil. à soupe de miel • 2 brins de persil plat • 3 cm de gingembre frais • Sel • Poivre

RÉALISATION

1. Épluchez les persils tubéreux, les pommes de terre et l'oignon, puis taillez-les en morceaux réguliers. Émincez la branche de céleri. Pelez le gingembre puis émincez-le finement. Placez 500 g de persils tubéreux, les pommes de terre, l'oignon, le céleri, le gingembre, le bouillon, le lait et 2 cuillerées à soupe d'huile d'olive dans le bol du blender. Mélangez bien avec une cuillère en bois, puis appuyez sur le programme « soupe fine ».

2. Pendant la cuisson, râpez grossièrement le reste du persil tubéreux. Préparez le coulis de persil : plongez le bouquet de persil pendant 2-3 minutes dans une casserole d'eau bouillante salée. Rafraîchissez-le ensuite sous l'eau froide, puis mixez-le dans le bol d'un robot avec le reste de l'huile d'olive. Salez et poivrez.

3. Lorsque la soupe est prête, ajoutez la crème fraîche et le miel. Salez et poivrez à votre convenance. Versez-la dans des bols ou des assiettes creuses, puis décorez du coulis de persil, du persil tubéreux râpé et de quelques feuilles de persil. Dégustez bien chaud.

PRÉPARATION	CUISSON	MODE CUISSON
30 min	30 min	Soupe fine

Velouté d'asperges vertes AUX SAINT-JACQUES ET ASPERGES BLANCHES

POUR 4 À 6 PERSONNES

INGRÉDIENTS

• 500 g d'asperges vertes • 200 g de pommes de terre • 4 petites asperges blanches • 4-6 belles noix de Saint-Jacques • 1 citron vert • 1 échalote • 55 cl de bouillon de légumes • 6 cuil. à soupe de crème fraîche • 5 cuil. à soupe d'huile d'olive • 10 brins de ciboulette • Sel • Poivre de Timut

RÉALISATION

1. Coupez la base des asperges vertes, pelez la partie inférieure, puis coupez-les en morceaux réguliers. Épluchez les pommes de terre et l'échalote, puis taillez-les en morceaux réguliers. Placez les asperges vertes, les pommes de terre, l'échalote, le bouillon de légumes et 2 cuillerées à soupe d'huile d'olive dans le bol du blender. Mélangez bien avec une cuillère en bois, puis appuyez sur le programme « soupe fine ».

2. Pendant la cuisson, ciselez la ciboulette. Émincez les asperges blanches en fines lanières. Taillez le citron vert en tranches. Faites cuire les noix de Saint-Jacques dans une poêle avec le reste de l'huile d'olive.

3. Lorsque la soupe est prête, ajoutez la ciboulette et 2 cuillerées à soupe de crème fraîche. Salez et poivrez à votre convenance, puis versez dans des bols ou des assiettes creuses. Déposez les saint-jacques, les lanières d'asperge blanche et le reste de la crème fraîche. Dégustez bien chaud, avec quelques tranches de citron vert.

PRÉPARATION 30 min | CUISSON 35 min | MODE CUISSON Soupe fine

Soupe au chou kale ET AU LAIT DE COCO

POUR 4 PERSONNES

INGRÉDIENTS

• 2 cuil. à soupe d'huile d'olive • 1 gousse d'ail hachée finement • 1 bouquet de chou kale, tiges enlevées et feuilles grossièrement coupées (250 g) • 1 cuil. à soupe de curry en poudre • 250 ml de bouillon de légumes • 400 ml de lait de coco (1 conserve) • 1 cuil. à soupe de jus de citron (= ½ citron) • 3 pommes de terre, pelées et coupées en morceaux • Sel • Poivre du moulin

RÉALISATION

1. Dans le bol du blender, placez tous les ingrédients dont la moitié du chou kale (conservez le reste pour la suite), puis appuyez sur le mode « soupe fine ».

2. Réalisez les chips de chou kale : préchauffez le four à 150°C (th. 5). Dans un bol, mélangez la moitié du chou kale avec 1 cuillerée à café d'huile d'olive puis salez. Placez sur une plaque recouverte de papier sulfurisé puis enfournez 12 min en retournant à mi-cuisson.

3. Lorsque la soupe est prête, répartissez-la dans des bols, décorée de chips de chou kale.

BON À SAVOIR

Les chips de chou kale font ici un excellent topping, mais elles peuvent se consommer tout au long de la journée en guise d'en-cas. Vous pouvez remplacer le sel par un peu de paprika ou une autre épice de votre choix, pour un côté plus sain.

PRÉPARATION	CUISSON	MODE CUISSON
15 min	21 min	Soupe fine

LES SOUPES

RÉCONFORT

Soupe de topinambours AU LAIT DE COCO ET AUX NOISETTES

POUR 4 PERSONNES

INGRÉDIENTS

1 cuil. à soupe d'huile d'olive • 1 échalote émincée • 1 gousse d'ail hachée finement • 700 g de topinambours, pelés et coupés en morceaux • 400 ml de lait de coco • 500 ml de bouillon de légumes 25 g de noisettes • Noix de muscade râpée • Huile de noisette (facultatif)

RÉALISATION

1. Dans le bol du blender, placez tous les ingrédients, puis appuyez sur le mode « soupe fine ».

2. Réalisez des croûtons maison : coupez du pain rassis en petits cubes puis disposez-les sur une plaque recouverte de papier sulfurisé. Arrosez d'un généreux filet d'huile d'olive puis mélangez bien. Enfournez environ 15 min à 180°C (th. 6), en retournant à mi-cuisson.

3. Lorsque la soupe est prête, répartissez-la dans des bols, puis décorez des croûtons, de noisettes torréfiées et d'un filet d'huile de noisette (facultatif).

PRÉPARATION	CUISSON	MODE CUISSON
15 min	21 min	Soupe fine

BON À SAVOIR

Préparez vos croûtons plusieurs jours à l'avance, ils se conservent très bien dans une boîte hermétique.

Soupe de potimarron
AUX NOIX DE PÉCAN, LAIT D'AMANDE ET GRAINES DE SÉSAME

POUR 4 À 6 PERSONNES

600 g de chair de potimarron • 100 g de pommes de terre • 125 g de noix de pécan • 1 carotte • 1 cuil. à soupe d'amandes effilées • ½ cuil. à soupe de graines de sésame • 30 cl de lait d'amande • 20 cl de bouillon de légumes • 2 cuil. à soupe de sirop d'érable • 3 brins de persil • Sel • Poivre

RÉALISATION

1. Épluchez les pommes de terre et la carotte, puis taillez-les en cubes avec le potimarron. Placez-les dans le bol du blender avec 75 g de noix de pécan, le lait d'amande et le bouillon de légumes. Mélangez bien avec une cuillère en bois, puis appuyez sur le programme « soupe fine ».

2. Pendant la cuisson, torréfiez les amandes et le reste des noix de pécan à sec dans une poêle. Réservez-les au chaud avec les graines de sésame. Hachez les feuilles de persil.

3. Lorsque la soupe est prête, ajoutez le sirop d'érable. Salez et poivrez à votre convenance, puis versez dans des bols ou des assiettes creuses. Répartissez les noix de pécan, les amandes, les graines de sésame et le persil, et dégustez bien chaud.

PRÉPARATION	CUISSON	MODE CUISSON
20 min	34 min	Soupe fine

Soupe épinards, PARMESAN

POUR 4 PERSONNES

INGRÉDIENTS

350 g de feuilles d'épinards frais hachés • 200 ml de crème fraîche épaisse • 1 l de bouillon de légumes • 2 gousses d'ail émincées • 2 échalotes hachées • Noix de muscade râpée au goût • 50 g de parmesan râpé • 1 cuil. à soupe de pesto (facultatif)

Pour le topping : Parmesan en copeaux • Feuilles d'épinards frais hachées

RÉALISATION

1. Dans le bol du blender, placez le bouillon, les échalotes, les gousses d'ail, le pesto, la noix de muscade et les épinards frais hachés, puis appuyez sur le mode « soupe épaisse ».

2. Lorsque la soupe est prête, ajoutez la crème fraîche et le parmesan (si vous l'ajoutez avant, il va fondre et coller au fond du blender) et utilisez la fonction « mixage manuel » du blender juste quelques secondes de façon à conserver des petits morceaux d'épinards. Répartissez la soupe dans les contenants de votre choix, décorée d'épinards frais hachés et de copeaux de parmesan.

PRÉPARATION	CUISSON	MODE CUISSON
15 min	28 min	Soupe épaisse

BON À SAVOIR

Pour accompagner cette soupe, réalisez des croûtons ou des toasts à l'huile d'olive et à l'ail. Frottez une gousse d'ail sur du pain un peu rassis puis badigeonnez d'huile d'olive. Enfournez ensuite environ 8 min dans un four préchauffé à 200°C (th. 6-7) en retournant à mi-cuisson.

Velouté de pois chiches AUX NOIX DE CAJOU

POUR 4 À 6 PERSONNES

INGRÉDIENTS

• 250 g de pois chiches cuits • 200 g de pommes de terre • 125 g de noix de cajou • 150 g de navets • 120 g de carottes • 1 tige de cive • ½ oignon • 2 cuil. à soupe de purée d'amandes • 50 cl de bouillon de légumes • 3 cuil. à soupe d'huile d'olive • ¼ cuil. à café de cumin moulu • ¼ cuil. à café de piment moulu • ¼ cuil. à café de curcuma moulu • ¼ cuil. à café de coriandre moulue • Sel • Poivre

RÉALISATION

1. Épluchez les pommes de terre, les navets, les carottes et l'oignon, puis taillez-les en morceaux réguliers. Égouttez les pois chiches, puis placez-les dans le bol du blender avec les légumes, 100 g de noix de cajou, le bouillon de légumes et l'huile d'olive. Ajoutez quelques pincées de cumin, de piment, de curcuma et de coriandre. Mélangez bien avec une cuillère en bois, puis appuyez sur le programme « soupe lisse ».

2. Pendant la cuisson, torréfiez le reste des noix de cajou à sec dans une poêle.
Réservez-les au chaud. Ciselez la cive.

3. Lorsque la soupe est prête, ajoutez la purée d'amandes. Salez et poivrez à votre convenance, puis versez dans des bols ou des assiettes creuses. Ajoutez les noix de cajou grillées et la cive, et dégustez bien chaud.

PRÉPARATION	CUISSON	MODE CUISSON
15 min	34 min	Soupe lisse

Velouté de champignons, CHÂTAIGNES ET NOIX

POUR 4 À 6 PERSONNES

INGRÉDIENTS

• 300 g de champignons de Paris • 250 g de châtaignes cuites • 50 g de cerneaux de noix • 1 échalote • 1 gousse d'ail • 45 cl de bouillon de légumes • 20 cl de crème liquide • 15 cl de lait • 2 cuil. à soupe d'huile de noix • 2 brins de thym • 1 branche de persil • Cannelle moulue • Sel • Poivre

RÉALISATION

1. Nettoyez les champignons, puis taillez-les en deux ou en quatre selon leur taille. Épluchez l'échalote et la gousse d'ail, dégermez l'ail, puis hachez-les grossièrement. Placez les champignons, 200 g de châtaignes, l'échalote, la gousse d'ail, le bouillon de légumes, le lait, l'huile de noix, le persil et 1 brin de thym dans le bol du blender. Mélangez bien avec une cuillère en bois, puis appuyez sur le programme « soupe fine ».

2. Pendant la cuisson, torréfiez les noix à sec dans une poêle. Concassez-les, puis réservez-les. Concassez le reste des châtaignes. Hachez le reste du thym.

3. Lorsque la soupe est prête, ajoutez la crème et quelques pincées de cannelle moulue. Salez et poivrez à votre convenance, puis versez dans des bols ou des assiettes creuses. Répartissez les noix grillées, les morceaux de châtaignes et le thym haché, et dégustez bien chaud.

PRÉPARATION	CUISSON	MODE CUISSON
25 min	32 min	Soupe fine

Soupe d'oignons rouges
AU CHEDDAR ET AUX GRAINES DE FENOUIL

POUR 4 À 6 PERSONNES

INGRÉDIENTS

600 g d'oignons rouges • 200 g de pommes de terre • 150 g de cheddar • 40 cl de bouillon de légumes • 20 cl de lait • 2 cuil. à soupe d'huile d'olive • 1 cuil. à soupe de graines de fenouil • 3 brins de ciboulette • Sel • Poivre

RÉALISATION

1. Épluchez les oignons et les pommes de terre, puis taillez-les en morceaux réguliers. Placez-les dans le bol du blender avec le bouillon, le lait et l'huile d'olive. Mélangez bien avec une cuillère en bois, puis appuyez sur le programme « soupe fine ».

2. Pendant la cuisson, taillez le cheddar en dés. Ciselez la ciboulette.

3. Lorsque la soupe est prête, ajoutez les dés de cheddar et mélangez jusqu'à ce qu'ils soient parfaitement fondus. Salez et poivrez à votre convenance, puis versez dans des bols ou des assiettes creuses. Répartissez les graines de fenouil et la ciboulette, et dégustez bien chaud.

PRÉPARATION	CUISSON	MODE CUISSON
20 min	28 min	Soupe fine

Soupe d'asperges vertes AU TAHINI ET AU CITRON

POUR 4 PERSONNES

INGRÉDIENTS

• 1 cuil. à soupe d'huile d'olive • 4 poignées d'oignons nouveaux émincés • 2 gousses d'ail hachées finement • 500 g d'asperges vertes • 625 ml de bouillon de légumes • 2 à 3 cuil. à soupe de ciboulette fraîche hachée • 2 morceaux de 2 cm de zestes de citron • 3 à 4 cuil. à soupe de tahini (crème de sésame) • 1 cuil. à soupe de jus de citron

Pour le topping : 1 à 2 cuil. à soupe de tahini • Jus de citron • 1 cuil. à soupe d'huile d'olive • Ciboulette • Graines de sésame

RÉALISATION

1. Lavez les asperges. Retirez le bout dur, puis coupez le reste en morceaux en réservant 4 pointes.

2. Dans le bol du blender, placez tous les ingrédients. Appuyez sur le mode « soupe fine ». Pendant ce temps, faites cuire les 4 pointes d'asperges 5 à 6 min à la vapeur de façon à garder tout leur croquant. Disposez-les ensuite directement dans un bol d'eau froide avant de les sécher.

3. Lorsque la soupe est prête, répartissez-la dans des bols, décorée avec un peu de sauce réalisée avec du tahini, du jus de citron et de l'huile d'olive, parsemez de ciboulette et de graines de sésame puis disposez les pointes d'asperges.

BON À SAVOIR

Pour celles et ceux qui souhaiteraient pousser le fait-maison à son paroxysme, il est possible de réaliser son propre tahini en mixant 3 à 4 cuillères à soupe de crème de sésame (torréfiée ou non) avec un petit peu d'huile d'olive jusqu'à l'obtention d'une pâte crémeuse.

PRÉPARATION	CUISSON	MODE CUISSON
30 min	21 min	Soupe fine

Soupe de légumineuses AU MISO

POUR 4 PERSONNES

INGRÉDIENTS

• 1 cuil. à soupe d'huile d'olive • 1 échalote émincée
• 1 l d'eau • 1 cube de miso • 100 g de légumineuses mélangées (pois cassés, lentilles, haricots…)
• 3 pommes de terre, pelées et coupées en morceaux
• 4 cerneaux de noix

RÉALISATION

1. Dans le bol du blender, placez tous les ingrédients, puis appuyez sur le mode « soupe fine ».

2. Lorsque la soupe est prête, répartissez-la dans des bols puis dégustez aussitôt, décorée de quelques cerneaux de noix torréfiés.

BON À SAVOIR

Ici, créez votre propre mélange de légumineuses : pois cassés, lentilles blondes, corail, vertes, haricots noirs, haricots blancs… dans les proportions de votre choix.

PRÉPARATION	CUISSON	MODE CUISSON
15 min	21 min	Soupe fine

Soupe de chou-fleur au sarrasin

POUR 4 PERSONNES

INGRÉDIENTS

1 cuil. à soupe d'huile d'olive • 1 oignon émincé • 1 gousse d'ail hachée finement • 1 l de bouillon de légumes • ½ chou-fleur en morceaux (500 g) • 200 g de sarrasin cuit • Poivre du moulin • Noix de muscade râpée

RÉALISATION

1. Dans le bol du blender, placez tous les ingrédients, puis appuyez sur le mode « soupe fine ».

2. Faites rôtir quelques fines lamelles de chou-fleur avec un peu d'huile d'olive 5 à 10 min dans un four préchauffé à 190°C (th. 6-7).
Lorsque la soupe est prête, répartissez-la dans des bols, puis décorez des lamelles de chou-fleur.

BON À SAVOIR

À la place ou en plus des lamelles de chou-fleur rôties, on peut aisément réaliser un granola avec du kasha (sarrasin décortiqué et grillé). En utilisant la même recette que pour le granola aux noix de pécan, en substituant ces noix par le kasha et en retirant la cannelle.

PRÉPARATION	CUISSON	MODE CUISSON
15 min	21 min	Soupe fine

Soupe de haricots blancs AU CHORIZO

POUR 4 À 6 PERSONNES

INGRÉDIENTS

• 500 g de haricots blancs cuits • 200 g de pommes de terre • 150 g de chorizo • 1 échalote • 1 gousse d'ail • 40 cl de bouillon de volaille • 2 cuil. à soupe d'huile d'olive • 2 branches de persil • Piment • Paprika fumé • Sel • Poivre

RÉALISATION

1. Égouttez les haricots blancs. Épluchez les pommes de terre, puis taillez-les en morceaux réguliers. Épluchez l'échalote et la gousse d'ail, dégermez l'ail, puis hachez-les grossièrement. Placez les haricots, les pommes de terre, l'échalote, l'ail, le bouillon de volaille, l'huile d'olive et le persil dans le bol du blender. Mélangez bien avec une cuillère en bois, puis appuyez sur le programme « soupe fine ».

2. Pendant la cuisson, taillez le chorizo en fines tranches. Faites-le dorer dans une poêle, puis réservez-le au chaud.

3. Lorsque la soupe est prête, ajoutez quelques pincées de piment et de paprika fumé. Salez et poivrez à votre convenance, puis versez dans des bols ou des assiettes creuses. Répartissez les tranches de chorizo, et dégustez bien chaud.

PRÉPARATION	CUISSON	MODE CUISSON
20 min	32 min	Soupe fine

Soupe patates douces, CACAHUÈTES

POUR 4 PERSONNES

INGRÉDIENTS

1 cuil. à soupe d'huile d'olive • 1 oignon émincé • 2 gousses d'ail émincées • 500 g de patates douces pelées et coupées en cubes • 1 conserve de tomates concassées (400 ml) • 1 conserve de lait de coco (400 ml) • 250 ml de bouillon de légumes • 1 cuil. à café de curry en poudre et/ou curcuma • 2 cuil. à soupe de beurre de cacahuètes

Pour le topping : 60 g de cacahuètes concassées • Coriandre fraîche ciselée

RÉALISATION

1. Dans le bol du blender, placez tous les ingrédients, puis appuyez sur le mode « soupe épaisse ».

2. Lorsque la soupe est prête, répartissez-la dans les contenants de votre choix, décorée de cacahuètes concassées et de coriandre fraîche.

PRÉPARATION	CUISSON	MODE CUISSON
15 min	28 min	Soupe épaisse

BON À SAVOIR

Cette soupe peut également se réaliser avec d'autres beurres d'oléagineux : d'amandes, de noix…

Velouté de poireau AU LAIT RIBOT

POUR 4 À 6 PERSONNES

INGRÉDIENTS

400 g de blancs de poireau • 300 g de pommes de terre • 1 gousse d'ail • 40 cl de bouillon de légumes • 25 cl de lait ribot • 2 cuil. à soupe d'huile d'olive • Noix de muscade moulue • Sel de céleri • Poivre

RÉALISATION

1. Émincez les blancs de poireau. Épluchez les pommes de terre, puis taillez-les en morceaux réguliers. Épluchez la gousse d'ail, dégermez-la puis hachez-la grossièrement. Placez tous les ingrédients, à l'exception de la noix de muscade, dans le bol du blender. Mélangez bien avec une cuillère en bois, puis appuyez sur le programme « soupe épaisse ».

2. Lorsque la soupe est prête, salez et poivrez à votre convenance. Ajoutez quelques pincées de noix de muscade, et dégustez bien chaud.

PRÉPARATION	CUISSON	MODE CUISSON
15 min	21 min	Soupe épaisse

Velouté de céleri-rave AU LARD

POUR 4 À 6 PERSONNES

INGRÉDIENTS

400 g de céleri-rave • 200 g de carottes • 200 g de pommes de terre • 4 tranches de lard • 1 échalote • 50 cl de lait • 2 cuil. à soupe d'huile d'olive • ⅓ cuil. à café de piment d'Espelette • Sel • Poivre

RÉALISATION

1. Épluchez le céleri, les carottes, les pommes de terre et l'échalote, puis taillez-les en morceaux réguliers. Placez tous les ingrédients dans le bol du blender, à l'exception du lard. Mélangez avec une cuillère en bois, puis appuyez sur le programme « soupe fine ».

2. Pendant la cuisson, faites griller les tranches de lard dans une poêle. Taillez-les en morceaux et réservez-les au chaud.

3. Lorsque la soupe est prête, salez et poivrez à votre convenance. Versez-la dans des bols ou des assiettes creuses, puis répartissez le lard. Dégustez bien chaud.

PRÉPARATION	CUISSON	MODE CUISSON
20 min	32 min	Soupe fine

Soupe courgettes, ROQUETTE ET MASCARPONE

POUR 4 À 6 PERSONNES

INGRÉDIENTS

4 courgettes moyennes (780 g) • 4 petites feuilles de basilic frais • 250 g de mascarpone • 2 échalotes émincées • 4 poignées de roquette • 500 ml de bouillon de légumes
Pour le topping : Œufs pochés (3 min dans de l'eau bouillante avec 3 cuil. à soupe de vinaigre d'alcool et 1 pincée de sel) • Petites feuilles de basilic frais • Fleur de bourrache • Pignons de pin torréfiés

RÉALISATION

1. Dans le bol du blender, placez les courgettes lavées et coupées en morceaux, le basilic, les échalotes, la roquette et le bouillon, puis appuyez sur le mode « soupe fine ».

2. Lorsque la soupe est prête, ajoutez le mascarpone et mixez à l'aide du mode manuel du blender. Répartissez la soupe dans les contenants de votre choix, décorée d'un œuf poché, de quelques feuilles de basilic, de fleur de bourrache et de pignons de pin préalablement torréfiés.

PRÉPARATION	CUISSON	MODE CUISSON
20 min	21 min	Soupe fine

BON À SAVOIR

Vous pouvez ajouter quelques pignons de pin torréfiés, dans le blender en même temps que le reste des ingrédients.

Crème de chou-fleur AU PARMESAN

POUR 4 À 6 PERSONNES

INGRÉDIENTS

• 500 g de chou-fleur • 60 g de parmesan râpé • 1 oignon • 1 gousse d'ail • 40 cl de lait • 25 cl de bouillon de légumes • 2 cuil. à soupe d'huile d'olive • Piment doux • Noix de muscade moulue • Sel • Poivre

RÉALISATION

1. Taillez les fleurettes de chou-fleur en morceaux réguliers. Épluchez l'oignon et la gousse d'ail, dégermez l'ail, puis hachez-les grossièrement.

2. Placez le chou-fleur, l'oignon, l'ail, le lait, le bouillon de légumes et l'huile d'olive dans le bol du blender. Mélangez bien avec une cuillère en bois, puis appuyez sur le programme « soupe fine ».

3. Lorsque la soupe est prête, ajoutez le parmesan et quelques pincées de noix de muscade et de piment doux. Salez et poivrez à votre convenance, et dégustez bien chaud.

PRÉPARATION	CUISSON	MODE CUISSON
15 min	28 min	Soupe fine

Soupe de butternut et noix de cajou

POUR 4 À 6 PERSONNES

INGRÉDIENTS

• 1 cuil. à soupe d'huile d'olive • 1 échalote émincée • 1 gousse d'ail hachée finement • 550 g de courge butternut, pelée et coupée en morceaux • 60 g de noix de cajou trempées dans de l'eau chaude pendant 1 h • 750 ml de bouillon de légumes • 1 poignée de noix de cajou pour le dressage • Huile d'olive • Curcuma en poudre • Paprika

RÉALISATION

1. Dans le bol du blender, placez tous les ingrédients, puis appuyez sur le mode « soupe fine ».

2. Faites griller une poignée de noix de cajou avec un peu d'huile d'olive, du curcuma en poudre et du paprika environ 5 à 6 min dans un four préchauffé à 175°C (th. 5-6). Lorsque la soupe est prête, répartissez-la dans des bols, puis décorez des noix de cajou grillées.

BON À SAVOIR

Cette recette peut se préparer avec d'autres variétés de courges, telles que la Delicata, le potimarron, le potiron ou encore la Musquée de Provence.

PRÉPARATION	CUISSON	MODE CUISSON
15 min	21 min	Soupe fine

Velouté de fenouil ET POIREAUX AUX ÉPICES

POUR 4 PERSONNES

INGRÉDIENTS

1 gros bulbe de fenouil • 2 poireaux • 50 g de beurre doux • 4 cuil. à café de mascarpone • ½ baguette tradition ou 1 pain blanc type ciabatta • 2 tablettes de bouillon de légumes • 2 cuil. à soupe d'huile de pépins de raison • 1 cuil. à café de graines de fenouil • 1 cuil. à café de rase de quatre-épices • ½ cuil. à café d'épices à pain d'épices • Sel • Poivre

RÉALISATION

1. Ôtez la base du fenouil, retirez les racines ainsi que la partie vert foncé des poireaux puis émincez-les. Dans un faitout avec l'huile, faites-les suer pendant 5 à 8 min. Ajoutez le quatre-épices et mélangez encore 1 min avant d'ajouter les tablettes de bouillon émiettées et 1 l d'eau. Couvrez, portez à ébullition et laissez cuire 20 min.

2. Taillez le pain en dés. Faites fondre le beurre dans une grande poêle et ajoutez les graines de fenouil et les épices à pain d'épices afin d'en exhaler les saveurs. Ajoutez les dés de pain et faites-les dorer de tous côtés. Réservez.

3. Mixez la soupe au mixeur plongeant ou dans un blender. Rectifiez l'assaisonnement. Versez dans des bols ou assiettes creuses. Garnissez d'une quenelle de mascarpone, de croûtons et donnez un dernier tour de moulin à poivre.

PRÉPARATION 20 min

CUISSON 30 min

Crème de navet au safran, DÉS DE SAUMON

POUR 4 À 6 PERSONNES

INGRÉDIENTS

450 g de navets • 250 g de saumon • 100 g de pommes de terre • 1 échalote • 1 gousse d'ail • 30 cl de bouillon de légumes • 30 cl de lait • 20 cl de crème liquide • 2 cuil. à soupe d'huile d'olive • 0,1 g de safran • Sel • Poivre

RÉALISATION

1. Épluchez les navets et les pommes de terre, puis taillez-les en morceaux réguliers. Épluchez l'échalote et la gousse d'ail, dégermez l'ail, puis hachez-les grossièrement. Placez les navets, les pommes de terre, l'échalote, l'ail, le bouillon de légumes, le lait et l'huile d'olive dans le bol du blender. Mélangez bien avec une cuillère en bois, puis appuyez sur le programme « soupe fine ».

2. Pendant la cuisson, portez la crème liquide à ébullition dans une petite casserole avec le safran. Laissez infuser hors du feu. Taillez le saumon en cubes réguliers, puis faites-les cuire à la vapeur ou dans une poêle.

3. Lorsque la soupe est prête, ajoutez la moitié de la crème au safran. Appuyez quelques secondes sur le programme « mixer », puis salez et poivrez à votre convenance. Versez la soupe dans des bols ou des assiettes creuses, puis répartissez les cubes de saumon et arrosez d'un filet de crème au safran. Dégustez bien chaud.

PRÉPARATION	CUISSON	MODE CUISSON
30 min	35 min	Soupe fine

Soupe lentilles corail, CHÂTAIGNES ET CROÛTONS DE PAIN D'ÉPICE

POUR 4 PERSONNES

INGRÉDIENTS

1 cuil. à soupe d'huile d'olive • 2 échalotes émincées • 1 gousse d'ail hachée finement • 300 g de lentilles corail non cuites • 150 g de châtaignes cuites • 500 ml de bouillon de légumes • Un restant de pain d'épice

RÉALISATION

1. Dans le bol du blender, placez tous les ingrédients, excepté le pain d'épice, puis appuyez sur le mode « soupe fine ».

2. Coupez le pain d'épice en cubes, placez-les sur une plaque recouverte de papier sulfurisé, arrosez d'un peu d'huile d'olive, mélangez puis enfournez pour environ 10 à 15 min à 175°C (th. 5-6). Surveillez bien et retournez à mi-cuisson.

3. Lorsque la soupe est prête, répartissez-la dans des bols, puis décorez des croûtons de pain d'épice et de quelques éclats de châtaignes.

PRÉPARATION	CUISSON	MODE CUISSON
15 min	21 min	Soupe fine

BON À SAVOIR

Faire des croûtons de pain d'épice, c'est le moyen idéal pour utiliser un restant de pain d'épice. On peut aussi en faire avec de la brioche rassie, à défaut.

Soupe pommes de terre, ÉPINARDS ET PISTACHES

POUR 4 À 6 PERSONNES

INGRÉDIENTS

• 1 cuil. à soupe d'huile d'olive • 2 gousses d'ail émincées • 200 g de pommes de terre épluchées et coupées en morceaux • 500 ml de bouillon de légumes • 300 g d'épinards frais lavés • 2 cuil. à soupe de persil ciselé • 1 cuil. à soupe de ciboulette • 1 cuil. à soupe de jus de citron • 2 cuil. à soupe de purée de pistache

Pour le topping : 1 poignée de pistaches torréfiées • Les zestes d'½ citron jaune non traité

RÉALISATION

1. Dans le bol du blender, placez tous les ingrédients en commençant par les liquides. Appuyez sur le mode « soupe fine ». Rectifiez l'assaisonnement si nécessaire.

2. Dans un petit mixeur, mixez brièvement les pistaches avec les zestes.

3. Servez la soupe bien chaude, avec un filet d'huile d'olive et le topping pistache-citron.

LE SAVIEZ-VOUS ?

Les épinards cuits sont plus nutritifs. Pour des portions équivalentes, les épinards cuits contiennent près de 6 fois plus de lutéine et de zéaxanthine que les épinards crus ; deux antioxydants qui présentent des vertus protectrices pour l'œil et la vision. Enfin, contrairement à ce que l'on pense, ils sont très peu riches en fer !

PRÉPARATION	CUISSON	MODE CUISSON
15 min	21 min	Soupe fine

Soupe de potiron au paprika FUMÉ ET CHORIZO GRILLÉ

POUR 4 À 6 PERSONNES

INGRÉDIENTS

• 600 g de chair de potiron • 200 g de chorizo • ½ oignon • 1 gousse d'ail • 2 cuil. à soupe de concentré de tomate • 40 cl de bouillon de légumes • 2 cuil. à soupe d'huile d'olive • 4 cuil. à soupe de sirop d'érable • Mélange quatre-épices • Paprika fumé • Sel • Poivre

RÉALISATION

1. Épluchez l'oignon et la gousse d'ail, dégermez l'ail, puis hachez-les grossièrement. Taillez le potiron en morceaux réguliers, puis placez-les dans le bol du blender avec l'oignon, l'ail, le concentré de tomate, le bouillon de légumes et l'huile d'olive. Mélangez bien avec une cuillère en bois, puis appuyez sur le programme « soupe fine ».

2. Pendant la cuisson, taillez le chorizo en rondelles. Faites-les dorer dans une poêle, puis réservez-les au chaud.

3. Lorsque la soupe est prête, ajoutez 2 cuillerées à soupe de sirop d'érable, quelques pincées de quatre-épices et de paprika fumé. Salez et poivrez à votre convenance, puis versez dans des bols ou des assiettes creuses. Répartissez les rondelles de chorizo, puis arrosez d'un filet de sirop d'érable. Dégustez bien chaud.

PRÉPARATION	CUISSON	MODE CUISSON
25 min	32 min	Soupe fine

Velouté
DE LÉGUMES OUBLIÉS

POUR 4 À 6 PERSONNES

INGRÉDIENTS

150 g de pommes de terre • 150 g de topinambours • 150 g de persils tubéreux • 100 g de panais • ½ blanc de poireau • ½ oignon • 30 cl de bouillon de légumes • 20 cl de lait • 2 cuil. à soupe de crème fraîche • ½ cuil. à soupe de purée de noisettes complètes • Cumin moulu • Sel • Poivre

RÉALISATION

1. Épluchez les pommes de terre, les topinambours, les panais, les persils tubéreux et l'oignon, puis taillez-les en morceaux réguliers. Émincez le blanc de poireau. Placez tous les légumes dans le bol du blender avec le bouillon de légumes et le lait. Mélangez bien avec une cuillère en bois, puis appuyez sur le programme « soupe épaisse ».

2. Lorsque la soupe est prête, ajoutez la crème fraîche, la purée de noisettes et quelques pincées de cumin. Salez et poivrez à votre convenance, puis versez dans des bols ou des assiettes creuses. Dégustez bien chaud.

PRÉPARATION	CUISSON	MODE CUISSON
20 min	21 min	Soupe épaisse

LES SOUPES SUCRÉES SALÉES

Soupe de céleri-rave
AUX POIRES ET CHÂTAIGNES

POUR 4 À 6 PERSONNES

INGRÉDIENTS

350 g de céleri-rave • 200 g de châtaignes cuites • 3 tranches de lard • 1 belle poire • 35 cl de lait • 25 cl de bouillon de légumes • 2 cuil. à soupe d'huile d'olive • 2 cuil. à soupe de crème fraîche • Sel • Poivre

RÉALISATION

1. Épluchez le céleri, puis taillez-le en morceaux. Épluchez la poire, épépinez-la, puis taillez-la en morceaux. Placez le céleri, les châtaignes, la poire, le lait, le bouillon de légumes et l'huile d'olive dans le bol du blender. Mélangez bien avec une cuillère en bois, puis appuyez sur le programme « soupe lisse ».

2. Pendant la cuisson, taillez le lard en dés. Faites-les dorer dans une poêle, puis réservez-les au chaud.

3. Lorsque la soupe est prête, ajoutez la crème fraîche. Salez et poivrez à votre convenance, puis versez dans des bols ou des assiettes creuses. Ajoutez les dés de lard et dégustez bien chaud.

PRÉPARATION	CUISSON	MODE CUISSON
20 min	32 min	Soupe lisse

Velouté de brocoli
ET POMME VERTE, DÉS DE FETA

POUR 4 À 6 PERSONNES

INGRÉDIENTS

300 g de brocolis • 300 g de feta • 200 g de pommes de terre • 1 pomme verte • ½ oignon • 60 cl de bouillon de légumes • 2 cuil. à soupe d'huile d'olive • 1 poignée de graines germées • 2 cm de gingembre frais • Sel • Poivre

RÉALISATION

1. Pelez le gingembre, puis émincez-le finement. Taillez les fleurettes de brocolis en morceaux réguliers. Épluchez les pommes de terre, la pomme et l'oignon, épépinez la pomme, puis taillez-les en morceaux réguliers. Placez les légumes et la pomme dans le bol du blender avec le bouillon de légumes, l'huile d'olive et le gingembre. Mélangez bien avec une cuillère en bois, puis appuyez sur le programme « soupe fine ».

2. Pendant la cuisson, coupez la feta en dés.

3. Lorsque la soupe est prête, ajoutez 100 g de feta et appuyez quelques secondes sur le programme « mixer ». Salez et poivrez à votre convenance, puis versez dans des bols ou des assiettes creuses. Répartissez le reste des dés de feta et les graines germées, et dégustez bien chaud.

PRÉPARATION	CUISSON	MODE CUISSON
20 min	28 min	Soupe fine

Soupe de betterave ET DE POIRE AU WASABI

POUR 4 À 6 PERSONNES

INGRÉDIENTS

450 g de betteraves cuites • 200 g de poires • 150 g de pommes de terre • ½ oignon • 1 poignée de jeunes pousses • 40 cl de bouillon de légumes • 2 cuil. à soupe d'huile d'olive • 2 brins de persil • 1 cuil. à café rase de wasabi • Sel • Poivre

RÉALISATION

1. Épluchez les pommes de terre et les poires, épépinez les poires. Taillez les betteraves, les pommes de terre et les poires en morceaux réguliers. Épluchez l'oignon, puis hachez-le grossièrement. Placez les betteraves, les poires, les pommes de terre, l'oignon, le bouillon de légumes et l'huile d'olive dans le bol du blender. Mélangez bien avec une cuillère en bois, puis appuyez sur le programme « soupe lisse ».

2. Pendant la cuisson, hachez finement le persil.

3. Lorsque la soupe est prête, ajoutez le wasabi. Salez et poivrez à votre convenance, puis versez dans des bols ou des assiettes creuses. Ajoutez quelques jeunes pousses et le persil, et dégustez bien chaud.

PRÉPARATION	CUISSON	MODE CUISSON
15 min	28 min	Soupe lisse

Soupe butternut, pomme et granola pécan

POUR 4 PERSONNES

INGRÉDIENTS

1 cuil. à soupe d'huile d'olive • ½ oignon émincé • 1 pomme épluchée et coupée en morceaux • 500 ml de bouillon de légumes • 500 g de courge butternut en cubes • ½ cuil. à soupe de miel • ½ cuil. à café de thym frais

Pour le granola : 40 g à 60 g de noix de pécan • 60 g de flocons d'avoine • 1 cuil. à soupe de sirop d'érable • ½ cuil. à café de cannelle en poudre • 2 cuil. à soupe d'huile de coco

RÉALISATION

1. Dans le bol du blender, placez tous les ingrédients en commençant par les liquides, puis appuyez sur le mode « soupe fine ». Rectifiez l'assaisonnement si nécessaire.

2. Pour le granola : faites chauffer quelques secondes le sirop d'érable avec l'huile de coco puis versez cette préparation dans un saladier avec le reste des ingrédients. Mélangez bien. Placez ce granola sur une plaque recouverte de papier sulfurisé et enfournez dans un four préchauffé à 175°C (th. 5-6) pour 20 min en veillant à retourner le granola à mi-cuisson.

3. Servez la soupe bien chaude, saupoudrée du granola et de quelques lamelles de pomme.

PRÉPARATION	CUISSON	MODE CUISSON
25 min	41 min	Soupe fine

BON À SAVOIR

Vous pouvez varier les plaisirs, en adaptant le granola à votre goût mais aussi aux ingrédients de vos placards. Remplacez les noix de pécan par des noisettes, des amandes ou des noix, substituez l'huile de coco par de l'huile de pépins de raisin ou supprimez la cannelle pour celles et ceux qui n'en sont pas fans.

Soupe brocoli et poires

POUR 4 PERSONNES

INGRÉDIENTS

2 cuil. à soupe d'huile d'olive • 1 oignon émincé • 1 gousse d'ail hachée finement • 300 g de brocoli coupé en petites fleurettes • 2 poires (Conférence) épluchées et coupées en morceaux • 500 ml de bouillon de légumes

Pour le topping : 60 g de fromage bleu émietté • 20 g de cranberries séchées • 20 g de noix concassées • Un filet d'huile d'olive

RÉALISATION

1. Dans le bol du blender, placez tous les ingrédients, puis appuyez sur le mode « soupe fine ».

2. Lorsque la soupe est prête, répartissez-la dans des bols, puis décorez de cranberries séchées, de noix concassées, de fromage bleu émietté et d'un filet d'huile d'olive.

PRÉPARATION	CUISSON	MODE CUISSON
15 min	21 min	Soupe fine

BON À SAVOIR

Dans cette recette, on peut utiliser aussi bien du bleu d'Auvergne, que du roquefort ou du gorgonzola ; alors choisissez celui que vous préférez !

Soupe de chou rouge ET DE POMME AU LAIT DE COCO

POUR 4 À 6 PERSONNES

INGRÉDIENTS

• 500 g de chou rouge • 250 g de pommes de terre • 2 petites pommes rouges • 45 cl de bouillon de légumes • 20 cl de lait de coco • 2 cuil. à soupe d'huile d'olive • ⅓ cuil. à café de cannelle moulue • Sel • Poivre

RÉALISATION

1. Épluchez les pommes et les pommes de terre, épépinez les pommes, puis taillez-les en morceaux réguliers. Émincez le chou rouge. Placez tous les ingrédients dans le bol du blender, sauf la cannelle. Mélangez bien avec une cuillère en bois, puis appuyez sur le programme « soupe lisse ».

2. Lorsque la soupe est prête, ajoutez la cannelle. Salez et poivrez à votre convenance, puis versez dans des bols ou des assiettes creuses. Dégustez bien chaud.

PRÉPARATION 15 min

CUISSON 28 min

MODE CUISSON Soupe lisse

Soupe rustique de chou kale aux abricots et cacahuètes

POUR 4 À 6 PERSONNES

INGRÉDIENTS

• 250 g de pommes de terre • 250 g de fleurettes de brocoli • 100 g de cacahuètes salées • 10 feuilles de chou kale • 10 abricots moelleux • ½ oignon rouge • ½ cuil. à soupe de beurre de cacahuètes • 1 cuil. à soupe de noix de coco râpée • 50 cl de bouillon de volaille • 25 cl de lait de coco • 2 cuil. à soupe d'huile d'olive • Piment moulu • Sel • Poivre

RÉALISATION

1. Éliminez les nervures dures des feuilles de chou, puis hachez-les grossièrement. Épluchez les pommes de terre et l'oignon, puis taillez-les en morceaux réguliers avec les fleurettes de brocoli. Placez les légumes dans le bol du blender avec le bouillon de volaille, le lait de coco, l'huile d'olive et une pincée de piment. Mélangez bien avec une cuillère en bois, puis appuyez sur le programme « soupe épaisse ».

2. Pendant la cuisson, faites dorer la noix de coco râpée à sec dans une poêle. Concassez les cacahuètes. Taillez les abricots moelleux en dés.

3. Lorsque la soupe est prête, ajoutez le beurre de cacahuètes et les dés d'abricot. Salez et poivrez à votre convenance, puis versez dans des bols ou des assiettes creuses. Répartissez la noix de coco grillée et les cacahuètes, et dégustez bien chaud.

PRÉPARATION	CUISSON	MODE CUISSON
20 min	30 min	Soupe épaisse

Soupe de betteraves AU LAIT DE COCO ET AU GINGEMBRE

POUR 4 PERSONNES

INGRÉDIENTS

1 cuil. à soupe d'huile d'olive • 1 oignon émincé • 1 gousse d'ail hachée finement • 400 g de betteraves rouges crues, pelées et coupées en morceaux • 500 ml de bouillon de légumes • 1 cm de gingembre frais pelé • 400 ml de lait de coco (4 cuil. à soupe pour la déco) • 1 cuil. à soupe de citron vert • 1 poignée de coriandre fraîche (pour le dressage) • 2 pommes de terre pelées et coupées en morceaux (340 g)

RÉALISATION

1. Dans le bol du blender, placez tous les ingrédients, mais conservez un peu de lait de coco pour servir. Appuyez sur le mode « soupe fine ».

2. Lorsque la soupe est prête, répartissez-la dans des bols, puis décorez d'un filet de lait de coco et de feuilles de coriandre fraîche.

PRÉPARATION	CUISSON	MODE CUISSON
15 min	21 min	Soupe fine

BON À SAVOIR

Si vous utilisez des betteraves en bottes, ajoutez également leurs fanes pour éviter tout gaspillage.

Soupe au chou romanesco et aux poires

POUR 4 À 6 PERSONNES

INGRÉDIENTS

1 cuil. à soupe d'huile d'olive • 1 oignon émincé • 1 gousse d'ail hachée finement • 1 chou romanesco (600 g), coupé en fleurettes • 2 poires pelées et coupées en morceaux • 2 pommes de terre, pelées et coupées en morceaux • 750 ml de bouillon de légumes • Crème d'avoine pour le dressage

RÉALISATION

1. Dans le bol du blender, placez tous les ingrédients, puis appuyez sur le mode « soupe fine ».

2. Lorsque la soupe est prête, répartissez-la dans des bols, puis décorez d'un filet de crème d'avoine et de quelques flocons d'avoine.

BON À SAVOIR

Le chou romanesco est encore trop peu utilisé, pourtant il est plus fin que le chou-fleur, dont il est de la même famille. Son petit goût de noisette lui donne un atout gourmand lors de la réalisation des soupes et veloutés.

PRÉPARATION 15 min

CUISSON 21 min

MODE CUISSON Soupe fine

Soupe poireaux, fenouil, POMMES, NOIX ET CURCUMA

POUR 4 PERSONNES

INGRÉDIENTS

2 cuil. à soupe d'huile de pépins de raisin • 3 poireaux (blancs + parties vertes hachés) • 4 brins de thym • 1 bulbe de fenouil, évidé et haché • 1 pomme moyenne, pelée, épépinée et hachée • 2 cuil. à café de curcuma moulu • 40 g de noix torréfiées • 500 ml à 750 ml de bouillon de légumes • Poivre du moulin
Topping : Sirop d'érable • Poivre du moulin • Feuilles de fenouil • Noix torréfiées

RÉALISATION

1. Dans le bol du blender, placez tous les ingrédients, puis appuyez sur le mode « soupe fine ».

2. Lorsque la soupe est prête, répartissez-la dans des bols, puis décorez d'un filet de sirop d'érable, de noix torréfiées, de feuilles de fenouil et donnez un tour de poivre du moulin.

BON À SAVOIR

Cette soupe peut également se réaliser avec du fenouil préalablement rôti au four, pour encore plus de saveur. Pour cela, coupez le bulbe en deux dans le sens de la longueur, déposez les deux morceaux sur une plaque recouverte de papier sulfurisé et arrosez d'huile d'olive. Comptez environ 40 min à 180°C, badigeonnez à nouveau d'huile à mi-cuisson.

PRÉPARATION	CUISSON	MODE CUISSON
25 min	21 min	Soupe fine

Soupe de petits pois, MENTHE ET LAIT DE COCO

POUR 4 PERSONNES

INGRÉDIENTS

1 cuil. à soupe d'huile d'olive • 2 oignons nouveaux ciselés • 1 gousse d'ail hachée finement • 500 g de petits pois préalablement blanchis • 2 grosses poignées de feuilles de menthe fraîche • 400 ml de lait de coco • 500 ml de bouillon de légumes

Pour le topping : Lait de coco • Petits pois • Feuilles de menthe fraîche

RÉALISATION

1. Dans le bol du blender, placez tous les ingrédients, puis appuyez sur le mode « soupe fine ».

2. Lorsque la soupe est prête, répartissez-la dans des bols, décorée d'un filet de lait de coco, de petits pois cuits et de feuilles de menthe fraîche.

BON À SAVOIR

À défaut de petits pois frais, utilisez des surgelés.

PRÉPARATION	CUISSON	MODE CUISSON
15 min	21 min	Soupe fine

Céleri et poires
AUX OLIVES CONCASSÉES

POUR 4 PERSONNES

INGRÉDIENTS

• 1 boule de céleri-rave • 3 poires Williams • 1 oignon
• 50 g d'olives noires dénoyautées • 30 g de beurre
• 2 cuil. à soupe de graines de sésame • Sel • Poivre

RÉALISATION

1. Pelez le céleri et coupez-le en petits morceaux. Pelez l'oignon et hachez-le. Faites-le blondir dans le beurre mousseux pendant 3 min. Ajoutez les morceaux de céleri et couvrez à hauteur avec de l'eau. Salez, poivrez et faites cuire à feu doux 30 min.

2. Pelez les poires et épépinez-les. Coupez les poires en cubes et ajoutez-les dans la soupe 10 min avant la fin de la cuisson. Mixez fortement le tout avec un mixeur plongeur pour obtenir une crème bien lisse. Hachez finement les olives au couteau. Servez la soupe bien chaude dans des bols ou des assiettes creuses. Et saupoudrez-les avec les olives concassées et les graines de sésame. Dégustez accompagné de gressins.

PRÉPARATION 15 min

CUISSON 35 min

Soupe PANAIS-POMMES

POUR 4 PERSONNES

INGRÉDIENTS

1 cuil. à soupe d'huile d'olive • 1 oignon émincé • 1 gousse d'ail hachée finement • 340 g de panais, épluchés et coupés en morceaux (environ 5) • 2 pommes pelées et coupées en morceaux • 500 ml de bouillon de légumes • 75 ml de crème liquide (avoine cuisine par exemple)

RÉALISATION

1. Dans le bol du blender, placez tous les ingrédients, puis appuyez sur le mode « soupe fine ».

2. Réalisez quelques fines lamelles de pomme à l'aide d'une mandoline et faites légèrement dorer environ 5 min dans un four préchauffé à 180°C (th. 6). Lorsque la soupe est prête, répartissez-la dans des bols, décorée d'un filet d'avoine cuisine, d'huile de votre choix (ici, de lin) et des chips de pomme.

PRÉPARATION	CUISSON	MODE CUISSON
15 min	21 min	Soupe fine

BON À SAVOIR

La pomme permet ici de casser l'amertume du panais, c'est un bon moyen de faire aimer ce légume ancien, souvent délaissé, aux enfants.

Soupe butternut, CHÈVRE FRAIS, GRENADE ET PISTACHE

POUR 4 PERSONNES

INGRÉDIENTS

1 cuil. à soupe d'huile de coco • 1 oignon émincé • ½ tête d'ail rôtie (45 min à 200 °C) • 60 g de poivrons rouges grillés (15 min à 200 °C) • 400 g à 450 g de courge butternut, pelée et coupée en morceaux • 400 ml de lait de coco • 250 ml de bouillon de légumes • 50 g à 60 g de fromage de chèvre frais • ½ cuil. à café de curry • ½ cuil. à café de paprika • ½ cuil. à café de cannelle • Poivre du moulin

Pour le topping : Coriandre fraîche émincée • Pistaches concassées • Graines de grenade • Fromage de chèvre frais supplémentaire

RÉALISATION

1. Dans le bol du blender, placez tous les ingrédients, puis appuyez sur le mode « soupe fine ».

2. Lorsque la soupe est prête, répartissez-la dans des bols, puis décorez de coriandre fraîche, de pistaches concassées, de graines de grenade et de fromage de chèvre frais émietté.

PRÉPARATION	CUISSON	MODE CUISSON
15 min	21 min	Soupe fine

BON À SAVOIR

Cette soupe onctueuse peut être accompagnée de pain pita réchauffé ou toasté au grille-pain.

Velouté de carotte AUX FRUITS DE LA PASSION

POUR 4 PERSONNES

INGRÉDIENTS

2 bottes de carottes • 2 fruits de la passion • 1 orange • 1 oignon • 1 noix de gingembre • 20 cl de crème liquide • 2 cuil. à soupe de mascarpone • 2 brins de coriandre • 3 cuil. à soupe d'huile d'olive • 1 cuil. à soupe d'eau de fleur d'oranger • Sel • Poivre

RÉALISATION

1. Pelez les carottes et coupez-les en rondelles. Pelez et hachez l'oignon et le gingembre. Faites-les blondir 3 min dans l'huile dans une grande casserole. Ajoutez les carottes couvrez à hauteur avec de l'eau. Prélevez les zestes de l'orange, réservez-les, puis ajoutez son jus dans la casserole. Salez, poivrez et laissez cuire 35 min.

2. Fouettez la crème froide avec le mascarpone jusqu'à ce que le mélange forme des pics. Ajoutez la pulpe des fruits de la passion, les zestes de l'orange hachés et l'eau de fleur d'oranger. Salez et poivrez.

3. Mixez la soupe très fortement avec la crème liquide pour obtenir une consistance veloutée. Répartissez-la dans des assiettes à soupe, ajoutez la crème aux fruits de la passion au-dessus et les brins de coriandre.

4. Rajoutez de l'eau ou du bouillon de légumes si le liquide s'évapore trop en cours de cuisson. Préparez cette soupe avec des carottes jeunes, elle n'en sera que meilleure.

PRÉPARATION 20 min

CUISSON 1 h 45 min

LES SOUPES

FROIDES

Gaspacho JAUNE

POUR 4 À 6 PERSONNES

INGRÉDIENTS

900 g de tomates jaunes (ananas) blanchies et pelées • 2 poivrons jaunes blanchis et pelés • 1 petit concombre • 1 oignon émincé • 1 gousse d'ail émincée • 500 ml de bouillon de légumes froid • 2-3 tranches de pain de la veille trempées et égouttées • 1 cuil. à soupe d'huile d'olive • 1 cuil. à soupe de vinaigre de xérès • 2 cuil. à soupe de jus de citron fraîchement pressé

Pour le topping : Brunoise de concombre • Huile d'olive • Fleurs comestibles

RÉALISATION

1. Dans le bol du blender, placez tous les ingrédients, puis appuyez sur le mode « smoothie ».

2. Lorsque la soupe est prête, vérifiez la consistance et mixez à nouveau à l'aide du mode manuel du blender, si nécessaire. Répartissez le gaspacho dans les contenants de votre choix et décorez d'une brunoise de concombre, de fleurs comestibles et d'un filet d'huile d'olive.

PRÉPARATION 12 min

MODE Smoothie

BON À SAVOIR

Les fleurs utilisées ici sont des pensées, mais vous pouvez utiliser toutes les fleurs comestibles de votre choix, libérez l'artiste qui sommeille en vous !

Gaspacho TOMATES, FRUITS ROUGES

POUR 4 PERSONNES

INGRÉDIENTS

900 g de tomates (type Cœur de bœuf) • 250 g de fraises • 125 g de framboises • 1 cm de gingembre frais râpé • 1 cuil. à soupe d'huile de colza • 1 cuil. à soupe de crème de vinaigre balsamique • 250 ml d'eau • 1 pincée de sel • Fève tonka râpée

Pour le topping : Fraises fraîches • Framboises fraîches • Huile de colza • Feuilles de basilic pourpre

RÉALISATION

1. Dans le bol du blender, placez tous les ingrédients, puis appuyez sur le mode « smoothie ».

2. Lorsque la soupe est prête, vérifiez la consistance et mixez à nouveau à l'aide du mode manuel du blender, si nécessaire. Répartissez le gaspacho dans les contenants de votre choix et décorez de fraises et framboises fraîches, d'un filet d'huile de colza et de quelques feuilles de basilic pourpre.

PRÉPARATION 12 min

MODE Smoothie

BON À SAVOIR

La crème de vinaigre balsamique peut être remplacée par du vinaigre de framboises.

Gaspacho avocat, CONCOMBRE, YAOURT GREC

POUR 4 PERSONNES

INGRÉDIENTS

2 gros concombres avec les graines retirées • 1 échalote hachée grossièrement • 1 avocat • 60 g de yaourt grec • 1 cuil. à soupe d'huile d'olive • Le jus et le zeste d'un citron vert non traité • 1 cuil. à soupe de vinaigre de cidre • 1 pincée de sel • 250 ml d'eau

Pour le topping : Fleurs comestibles (ici, fleurs de fenouil) • Asperges des bois • Cubes d'avocat • Lamelles de concombre • Tomates jaunes • Huile d'olive • Yaourt grec

RÉALISATION

1. Dans le bol du blender, placez tous les ingrédients, puis appuyez sur le mode « smoothie ».

2. Lorsque la soupe est prête, vérifiez la consistance et mixez à nouveau à l'aide du mode manuel du blender, si nécessaire. Répartissez le gaspacho dans les contenants de votre choix et décorez de cubes d'avocat, de lamelles de concombre, de tomates jaunes, de pointes d'asperges des bois (préalablement cuites à l'eau 4 min), d'un filet d'huile d'olive, d'un peu de yaourt grec supplémentaire et de fleurs comestibles.

PRÉPARATION 12 min

MODE Smoothie

BON À SAVOIR

Faites preuve d'imagination lors du dressage, le monde des possibles s'ouvre à vous !

Gaspacho pastèque, MELON ET FETA

POUR 4 PERSONNES

INGRÉDIENTS

500 g de tomates Marmande • ½ melon (320 g) • 480 g de pastèque en cubes • ½ concombre • 1 cuil. à soupe d'huile d'olive • 1 cuil. à soupe de vinaigre de xérès • 1 petite gousse d'ail • 1 pincée de sel • Poivre du moulin

Pour le topping : Cubes de melon et pastèque • Éclats de pistaches torréfiées • Feta • Huile d'olive

RÉALISATION

1. Dans le bol du blender, placez tous les ingrédients, puis appuyez sur le mode « smoothie ».

2. Lorsque la soupe est prête, vérifiez la consistance et mixez à nouveau à l'aide du mode manuel du blender, si nécessaire. Répartissez le gaspacho dans les contenants de votre choix, décorez de cubes de melon et pastèque, d'éclats de pistaches préalablement torréfiées, de feta émiettée et d'un filet d'huile d'olive.

PRÉPARATION 12 min

MODE Smoothie

BON À SAVOIR

Pour celles et ceux qui ne sont pas fans de la pastèque (ou qui n'ont pas le courage de l'épépiner), remplacez son poids par du melon.

Vichyssoise GLACÉE

POUR 4 PERSONNES

INGRÉDIENTS

8 fines tranches de speck • 800 g de jeunes poireaux • 800 g de pommes de terre nouvelles • 25 g de beurre • 2 cuil. à soupe de crème épaisse • 4 cubes de bouillon de volaille bio • 4 cuil. à soupe de pignons de pin • Noix de muscade • Sel • Poivre

RÉALISATION

1. Préchauffez le four à 150 °C, éparpillez les pignons en une seule couche dans un plat à four. Faites-les torréfier pendant 10 min. Réservez.

2. Portez à ébullition 2 L d'eau avec les cubes de bouillon. Pelez les pommes de terre et coupez-les en dés, puis plongez-les dans le bouillon, laissez cuire 10 à 12 min. Elles doivent être bien tendres.

3. Parez et nettoyez les poireaux, ôtez l'extrémité de la partie la plus verte et émincez-les. Faites-les suer dans une sauteuse avec le beurre pendant 10 min environ à feu moyen en remuant. Assaisonnez-les et ajoutez un peu de noix de muscade râpée.

4. Récupérez les pommes de terre avec une écumoire et mettez-les dans le bol d'un robot avec les poireaux fondants. Ajoutez la crème, un peu de bouillon et mixez jusqu'à obtenir un velouté fluide mais encore dense et bien lisse. Ajoutez si besoin un peu plus de bouillon. Rectifiez l'assaisonnement. Réservez et placez au frais jusqu'au moment de servir.

5. Au dernier moment, préchauffez le gril du four et rangez bien à plat les tranches de speck sur une plaque à four couverte de papier cuisson. Enfournez pour 2 min jusqu'à ce que le speck soit bien grillé et croustillant.

6. Servez la vichyssoise fraîche dans des bols, garnissez de pignons et de chips de speck bien chaudes.

PRÉPARATION 15 min

CUISSON 20 min

Gaspacho
CAROTTES, GINGEMBRE

POUR 4 PERSONNES

INGRÉDIENTS

• 125 g de pain de la veille, trempé • 4 carottes en morceaux cuites à l'eau durant 15 min • 2 cuil. à soupe de vinaigre de xérès • 2 oignons nouveaux • 200 g de tomates pelées et hachées grossièrement (3) • 1 poivron rouge pelé • 1 gousse d'ail hachée • 1 cuil. à café de gingembre râpé • 1 cuil. à soupe d'huile d'olive • 500 ml de bouillon de légumes froid

Pour le topping : 1 carotte en brunoise • Oignons nouveaux

RÉALISATION

1. Dans le bol du blender, placez tous les ingrédients, puis appuyez sur le mode « smoothie ».

2. Lorsque la soupe est prête, vérifiez la consistance et mixez à nouveau à l'aide du mode manuel du blender, si nécessaire. Répartissez le gaspacho dans des petits verres et décorez d'une carotte crue coupée en brunoise, ainsi que d'oignons nouveaux émincés.

BON À SAVOIR

Pour le topping, variez en râpant les carottes plutôt que de les réaliser en brunoise.

PRÉPARATION: 22 min

MODE: Smoothie

Soupe froide de pastèque AU PESTO DE MENTHE

POUR 4 À 6 PERSONNES

INGRÉDIENTS

• 600 g de chair de pastèque • 400 g de tomates bien mûres • 1 bouquet de menthe • 1 citron • 12 cl d'huile d'olive • 1 cuil. à soupe de miel • Piment d'Espelette • Sel • Poivre

RÉALISATION

1. Taillez la pastèque en morceaux réguliers. Pelez les tomates, puis taillez-les en morceaux réguliers. Effeuillez la menthe. Pressez le citron. Placez la pastèque, les tomates, 10 feuilles de menthe, le miel, 2 cuillerées à soupe d'huile d'olive, 1 cuillerée à soupe de jus de citron et quelques pincées de piment d'Espelette dans le bol du blender. Mélangez bien avec une cuillère en bois, puis appuyez sur le programme « smoothie ».

2. Lorsque la soupe est prête, salez et poivrez à votre convenance. Réservez quelques heures au frais.

3. Pendant ce temps, préparez le pesto de menthe : placez le reste des feuilles de menthe et du jus de citron dans le bol d'un robot. Salez et poivrez, puis commencez à mixer. Incorporez le reste de l'huile d'olive, puis mixez jusqu'à l'obtention d'un pesto à la consistance voulue. Rectifiez l'assaisonnement, puis réservez au frais.

4. Lorsque votre soupe est bien froide, versez-la dans des bols ou des assiettes creuses. Dégustez-la bien fraîche, accompagnée du pesto de menthe.

PRÉPARATION 25 min

REPOS 2 h

Soupe froide de concombre À L'ANETH

POUR 4 À 6 PERSONNES

INGRÉDIENTS

550 g de concombre • 200 g de fromage blanc • 1 pomme • 1 échalote • 50 cl de crème liquide • 10 brins d'aneth • Sel • Poivre

RÉALISATION

1. Épluchez les concombres, la pomme et l'échalote. Épépinez la pomme, puis taillez les concombres, la pomme et l'échalote en morceaux réguliers. Placez 500 g de concombre, la pomme, l'échalote, le fromage blanc, la moitié de la crème et 6 brins d'aneth dans le bol du blender. Mélangez bien avec une cuillère en bois, puis appuyez sur le programme « smoothie ».

2. Lorsque la soupe est prête, salez et poivrez à votre convenance. Réservez quelques heures au frais.

3. Juste avant de servir, montez le reste de la crème en crème fouettée avec un peu de sel et de poivre. Taillez le reste du concombre en petits dés.

4. Lorsque votre soupe est bien froide, versez-la dans des bols ou des assiettes creuses. Déposez une quenelle de crème fraîche, des dés de concombre et quelques brins d'aneth, et dégustez bien frais.

PRÉPARATION	REPOS	MODE
20 min	2 h	Smoothie

Soupe froide DÉTOX

POUR 4 À 6 PERSONNES

250 g de blancs de poireau • 200 g de courgettes • 200 g de concombres • 150 g de feuilles de chou vert • ½ fenouil • 1 branche de céleri • 40 g de persil • 10 g de basilic • 10 g de ciboulette • 50 cl de bouillon de légumes • 1 gousse d'ail • 2 cuil. à soupe d'huile d'olive • 3 cm de gingembre frais • Coriandre moulue • Curcuma moulu • Piment moulu • Sel • Poivre

RÉALISATION

1. Éliminez les nervures dures des feuilles de chou, puis hachez-les grossièrement. Épluchez les courgettes et les concombres, puis émincez-les avec les blancs de poireau, le fenouil et la branche de céleri. Épluchez la gousse d'ail, dégermez-la puis hachez-la grossièrement. Hachez grossièrement les herbes fraîches. Pelez le gingembre, puis émincez-le finement.

2. Placez tous les légumes, le bouillon de légumes, l'huile d'olive, les herbes et le gingembre dans le bol du blender. Mélangez bien avec une cuillère en bois, puis appuyez sur le programme « soupe fine ».

3. Lorsque la soupe est prête, ajoutez quelques pincées de coriandre, de piment et de curcuma. Salez et poivrez à votre convenance, puis réservez quelques heures au frais. Dégustez bien froid à toute heure de la journée.

PRÉPARATION	CUISSON	REPOS	MODE CUISSON
20 min	28 min	2 h	Soupe fine

Gaspacho pêches, FRAMBOISES, TOMATES

POUR 4 PERSONNES

INGRÉDIENTS

800 g de pêches jaunes ou nectarines (6) • 125 g de framboises • 600 g de tomates Marmande • ½ concombre • 1 cuil. à soupe d'huile de colza • 1 cuil. à soupe de vinaigre de xérès • 250 ml d'eau • 2 cuil. à soupe de jus de citron vert • Sel

Pour le topping : Crème de vinaigre balsamique • Framboises fraîches • Feuilles de basilic

RÉALISATION

1. Dans le bol du blender, placez tous les ingrédients, puis appuyez sur le mode « smoothie ».

2. Lorsque la soupe est prête, vérifiez la consistance et mixez à nouveau à l'aide du mode manuel du blender, si nécessaire. Répartissez le gaspacho dans les contenants de votre choix et décorez de framboises fraîches, d'un filet de crème de vinaigre balsamique et de quelques feuilles de basilic.

PRÉPARATION 12 min

MODE Smoothie

BON À SAVOIR

Ici, le vinaigre de xérès peut être remplacé par du vinaigre de framboises.

LES SOUPES

DU MONDE

Soupe italienne de tomate ET DE PAIN

POUR 4 À 6 PERSONNES

INGRÉDIENTS

700 g de tomates bien mûres • 400 g de tranches de pain de campagne rassis • 1 branche de céleri • 1 gousse d'ail • 1 cuil. à café de sucre • 40 cl de bouillon de légumes • 5 cuil. à soupe d'huile d'olive • 8 feuilles de basilic • Sel • Poivre

RÉALISATION

1. Pelez les tomates, puis taillez-les en morceaux réguliers. Hachez grossièrement le pain. Épluchez la gousse d'ail, dégermez-la, puis hachez-la grossièrement. Émincez la branche de céleri. Placez les tomates, la moitié du pain, le céleri, l'ail, le sucre, le bouillon et 3 cuillerées à soupe d'huile d'olive dans le bol du blender. Mélangez bien avec une cuillère en bois, puis appuyez sur le programme « soupe épaisse ».

2. Pendant la cuisson, hachez grossièrement les feuilles de basilic. Faites dorer le reste des morceaux de pain dans une poêle avec le reste de l'huile d'olive.

3. Lorsque la soupe est prête, salez et poivrez à votre convenance. Versez dans des bols ou des assiettes creuses, puis répartissez le basilic et le reste des morceaux de pain. Dégustez bien chaud, ou froid, après quelques heures au frais.

PRÉPARATION	REPOS (facultatif)	CUISSON	MODE CUISSON
25 min	2 h	25 min	Soupe épaisse

Soupe mexicaine aux deux haricots

POUR 4 À 6 PERSONNES

INGRÉDIENTS

• 500 g de tomates • 300 g de poivrons rouges
• 250 g de haricots blancs cuits (en conserve)
• 250 g de haricots noirs cuits (en conserve)
• ½ piment rouge • 1 gousse d'ail • 2 cuil. à soupe de concentré de tomate • 2 cuil. à café de sucre en poudre • 50 cl de bouillon de légumes
• 3 cuil. à soupe d'huile d'olive • 4 brins de coriandre
• Cumin moulu • Paprika moulu • Sel • Poivre

RÉALISATION

1. Pelez les tomates, puis taillez-les en tranches. Coupez les poivrons en deux, éliminez les graines et les membranes blanches, puis taillez-les en morceaux réguliers. Fendez le piment sur toute la longueur, éliminez les graines, puis hachez-le grossièrement. Épluchez la gousse d'ail, dégermez-la, puis hachez-la grossièrement. Placez 350 g de tomates, les poivrons, le piment, l'ail, le concentré de tomate, 4 feuilles de coriandre, le bouillon de légumes et l'huile d'olive dans le bol du blender. Ajoutez le sucre et quelques pincées de cumin et de paprika. Mélangez bien avec une cuillère en bois, puis appuyez sur le programme « soupe fine ».

2. Pendant la cuisson, égouttez les haricots noirs et blancs. Hachez grossièrement le reste de la coriandre.

3. Lorsque la soupe est prête, ajoutez les haricots noirs et blancs. Salez et poivrez à votre convenance, puis versez dans des bols ou des assiettes creuses. Ajoutez le reste des tranches de tomates et la coriandre, et dégustez bien chaud.

PRÉPARATION	CUISSON	MODE CUISSON
30 min	28 min	Soupe fine

Soupe belge à la bière

POUR 4 À 6 PERSONNES

INGRÉDIENTS

- 200 g de pommes de terre • 200 g de panais
- 200 g de blancs de poireau • 150 g de céleri-rave
- 100 g de bacon • 80 g de comté râpé • 1 oignon
- 50 cl de bière blanche • 40 cl de bouillon de volaille
- 2 cuil. à soupe de crème fraîche
- 10 brins de ciboulette • Sel • Poivre

RÉALISATION

1. Épluchez les pommes de terre, le panais, le céleri et l'oignon, puis taillez-les en morceaux réguliers. Émincez les blancs de poireau.

2. Placez tous les légumes dans le bol du blender avec la bière et le bouillon de volaille. Mélangez bien avec une cuillère en bois, puis appuyez sur le programme « soupe fine ».

3. Pendant la cuisson, taillez le bacon en petits dés. Faites-les dorer dans une poêle, puis réservez-les au chaud. Ciselez la ciboulette.

4. Lorsque la soupe est prête, ajoutez le comté râpé et la crème fraîche. Salez et poivrez à votre convenance, puis versez dans des bols ou des assiettes creuses. Ajoutez les dés de bacon et la ciboulette, et dégustez bien chaud.

PRÉPARATION	CUISSON	MODE CUISSON
25 min	35 min	Soupe fine

Gaspacho vert, dés de feta et noix grillées

POUR 4 À 6 PERSONNES

INGRÉDIENTS

500 g de tomates vertes • 300 g de concombre • 200 g de feta • 1 poivron vert • 1 pomme verte • 1 échalote • ½ gousse d'ail • 100 g de cerneaux de noix • 5 cl d'huile d'olive • 2 cuil. à soupe de vinaigre de Xérès • 10 feuilles de basilic • 4 à 6 brins d'aneth • Tabasco • Sel • Poivre

RÉALISATION

1. Épluchez les concombres et la pomme, épépinez la pomme, puis taillez-les en morceaux réguliers avec les tomates. Épluchez l'échalote et la gousse d'ail, dégermez l'ail, puis hachez-les grossièrement. Coupez le poivron en deux, éliminez les graines et les membranes blanches, puis taillez-le en morceaux réguliers. Placez les tomates, les concombres, la pomme, le poivron, l'échalote, l'ail, l'huile d'olive, le vinaigre de Xérès et le basilic dans le bol du blender. Mélangez bien avec une cuillère en bois, puis appuyez sur le programme « smoothie ». Mixez jusqu'à l'obtention d'une soupe lisse et épaisse.

2. Lorsque la soupe est prête, ajoutez quelques gouttes de Tabasco. Salez et poivrez à votre convenance, puis réservez quelques heures au frais.

3. Juste avant de servir, coupez la feta en petits dés. Torréfiez les noix à sec dans une poêle, puis concassez-les.

4. Lorsque votre soupe est bien froide, versez-la dans des bols ou des assiettes creuses. Répartissez les dés de feta, les éclats de noix et les brins d'aneth, et dégustez bien froid.

PRÉPARATION	REPOS	CUISSON	MODE
25 min	2 h	5 min	Smoothie

Soupe malaisienne AUX CREVETTES

POUR 4 PERSONNES

INGRÉDIENTS

300 g de mini-épis de maïs • 1 carotte • 1 cébette • 2 gousses d'ail • 2 tiges de citronnelle • 2 brins de basilic • 1 noix de gingembre frais • 1 noisette de curcuma frais • 1 petit piment • 1 citron • 1 l de lait de coco • 200 g de vermicelles de riz • 1 cuil. à soupe de pâte de crevettes • 3 cuil. à soupe de crevettes séchées • 3 cuil. à soupe d'huile neutre • Sel • Sucre

RÉALISATION

1. Pelez les gousses d'ail, le gingembre, le curcuma. Ôtez l'écorce de la citronnelle. Placez ses ingrédients avec la cébette, le piment, la pâte de crevettes dans le bol d'un mixer et faites tourner pour obtenir une texture crémeuse. Réhydratez les crevettes séchées dans un peu d'eau. Égouttez-les et mixez-les.

2. Pelez et coupez la carotte en rondelles, rincez les mini-épis de maïs.

3. Faites chauffer l'huile dans une grande sauteuse et ajoutez la pâte d'épices. Laissez cuire 5 min et versez le lait de coco. Laissez-le chauffer et ajoutez les carottes, les crevettes séchées ainsi qu'un peu de sel et de sucre. Laissez cuire encore 8 min. Ajoutez les épis 1 min avant la fin de la cuisson.

4. Faites cuire les vermicelles 30 secondes dans une casserole d'eau bouillante et égouttez-les. Ciselez le basilic.

5. Répartissez les vermicelles dans quatre bols, versez la soupe par-dessus et ajoutez le basilic. Pressez un peu de jus de citron dans la soupe juste avant de la déguster.

PRÉPARATION 30 min

CUISSON 15 min

Soupe italienne à l'orzo

POUR 4 PERSONNES

INGRÉDIENTS

1 cuil. à soupe d'huile d'olive • 1 oignon émincé • 3 gousses d'ail hachées finement • 2 branches de céleri, coupées en morceaux • 100 g de pâtes orzo semi-complètes (appelées également langues d'oiseaux) • 750 ml de bouillon de légumes • 400 g de tomates concassées avec jus • 1 cuil. à soupe d'herbes séchées (origan, marjolaine et thym) • Sel • Poivre

RÉALISATION

1. Dans le bol du blender, placez tous les ingrédients, excepté les pâtes, puis appuyez sur le mode « soupe épaisse ». Pendant ce temps, cuisez les pâtes comme indiqué sur le paquet (5 à 7 min dans de l'eau bouillante).

2. Lorsque la soupe est prête, ajoutez les pâtes cuites. Mélangez bien, puis rectifiez l'assaisonnement si nécessaire en salant et en poivrant au goût. Ajoutez un peu d'eau, si la soupe n'est pas assez liquide.

3. Dégustez aussitôt, accompagnée de tartines de pain grillées et huilées.

PRÉPARATION	CUISSON	MODE CUISSON
15 min	28 min	Soupe épaisse

BON À SAVOIR

L'orzo, aussi appelé « risoni » (en raison de sa forme proche du grain de riz) est une petite pâte à base de semoule de blé dur, façonnée pour ressembler à des grains d'orge. Elle est idéale dans une soupe, pour lui apporter de la consistance.

Salmorejo

POUR 4 À 6 PERSONNES

INGRÉDIENTS

1 kg de tomates bien mûres • 300 g de mie de pain rassis • 6 œufs • 3 tranches de jambon cru • 2 gousses d'ail • 33 cl d'huile d'olive • 3 cuil. à soupe de vinaigre de Xérès • 1 cuil. à café de sucre en poudre • Piment d'Espelette • Sel • Poivre

RÉALISATION

1. Épluchez les tomates, puis taillez-les en morceaux. Hachez grossièrement la mie de pain. Épluchez les gousses d'ail, dégermez-les, puis hachez-les grossièrement. Placez les tomates, le pain, l'ail, l'huile d'olive, le vinaigre et le sucre dans le bol du blender. Mélangez bien avec une cuillère en bois, puis appuyez sur le programme « smoothie ». Mixez jusqu'à l'obtention d'une soupe lisse et épaisse.

2. Lorsque la soupe est prête, ajoutez quelques pincées de piment. Salez et poivrez, puis réservez quelques heures au frais.

3. Juste avant de servir, faites cuire 6 œufs durs dans une casserole. Rafraîchissez-les sous l'eau froide, écalez-les, puis coupez-les en morceaux. Hachez grossièrement le jambon cru.

4. Versez la soupe bien froide dans des bols ou des assiettes creuses, puis répartissez les morceaux d'œuf dur et de jambon cru. Dégustez bien frais.

PRÉPARATION	REPOS	CUISSON	MODE
25 min	2 h	10 min	Smoothie

Soupe hollandaise AU GOUDA

POUR 4 À 6 PERSONNES

INGRÉDIENTS

550 g de pommes de terre • 180 g de gouda • 1 gros oignon • 1 gousse d'ail • 10 brins de ciboulette • 50 cl de bouillon de volaille • 2 cuil. à soupe de crème fraîche • 2 cuil. à soupe d'huile d'olive • Noix de muscade moulue • Sel • Poivre

RÉALISATION

1. Épluchez les pommes de terre, puis taillez-les en morceaux réguliers. Épluchez l'oignon et la gousse d'ail, dégermez l'ail, puis hachez-les grossièrement. Placez les pommes de terre, l'oignon, l'ail, le bouillon de volaille et l'huile d'olive dans le bol du blender. Mélangez bien avec une cuillère en bois, puis appuyez sur le programme « soupe fine ».

2. Pendant la cuisson, coupez le gouda en dés. Ciselez la ciboulette.

3. Lorsque la soupe est prête, ajoutez les dés de gouda et mélangez jusqu'à ce qu'ils soient parfaitement fondus. Ajoutez la crème fraîche et quelques pincées de noix de muscade. Salez et poivrez à votre convenance, puis versez dans des bols ou des assiettes creuses. Ajoutez la ciboulette et quelques croûtons, et dégustez bien chaud.

PRÉPARATION	CUISSON	MODE CUISSON
20 min	28 min	Soupe fine

Soupe mexicaine AU MAÏS

POUR 4 PERSONNES

INGRÉDIENTS

1 cuil. à soupe d'huile d'olive • 1 à 2 oignons émincés • 1 gousse d'ail hachée finement • 2 branches de céleri coupées en morceaux avec feuilles • 4 poivrons rouges • 300 g de maïs en conserve • ½ cuil. à café de piment doux • ½ cuil. à café de paprika • 1 cuil. à café de cumin en poudre • 750 ml de bouillon de légumes

Pour le topping : Coriandre fraîche • Pop-corns (facultatif)

RÉALISATION

1. Commencez par faire griller les poivrons. Lavez-les, coupez-les en quatre puis retirez leurs graines. Essuyez-les bien. Disposez les morceaux de poivrons sur une plaque recouverte de papier sulfurisé, peau vers le haut. Badigeonnez-les d'un peu d'huile d'olive puis enfournez pour 25 à 30 min dans un four préchauffé à 190°C (th. 6-7). Les poivrons sont prêts, lorsque la peau est légèrement gonflée et brunie. Laissez tiédir les poivrons puis retirez la peau. Coupez-les en morceaux.

2. Dans le bol du blender, placez tous les ingrédients, hormis le maïs. Appuyez sur le mode « soupe fine ». Lorsque la soupe est prête, ajoutez le maïs.

3. Dégustez aussitôt, avec de la coriandre fraîche et quelques pop-corns.

PRÉPARATION	CUISSON	MODE CUISSON
30 min	51 min	Soupe fine

BON À SAVOIR

Vous pouvez faire rôtir le maïs avant de l'ajouter, en le passant au four 20 min à 200°C (à retourner à mi-cuisson) avec un peu d'huile d'olive, du paprika et du piment.

Gaspacho tomates ET FRAISES

POUR 4 À 6 PERSONNES

INGRÉDIENTS

400 g de tomates bien mûres • 300 g de fraises bien mûres • ⅓ baguette • 1 poivron rouge • ½ échalote • ½ gousse d'ail • 10 cl d'huile d'olive • 2 cuil. à soupe de vinaigre balsamique • 1 cuil. à soupe de miel • 1 cuil. à soupe de jus de citron • 10 feuilles de basilic • 5 feuilles de menthe • Piment d'Espelette • Sel • Poivre

RÉALISATION

1. Épluchez les tomates, l'échalote et la gousse d'ail, dégermez l'ail, puis hachez-les grossièrement. Équeutez les fraises, puis coupez-les en deux. Coupez le poivron en deux, éliminez les graines et les membranes blanches, puis taillez-le en morceaux réguliers. Placez les tomates, les fraises, le poivron, l'échalote, l'ail, 8 cl d'huile d'olive, le vinaigre balsamique, le basilic et la menthe dans le bol du blender. Mélangez bien avec une cuillère en bois, puis appuyez sur le programme « smoothie ».

2. Lorsque la soupe est prête, ajoutez le miel, le jus de citron et quelques pincées de piment. Salez et poivrez à votre convenance, puis réservez quelques heures au frais.

3. Juste avant de servir, taillez le pain en dés. Faites-les dorer dans une poêle avec le reste de l'huile d'olive, puis réservez-les.

4. Lorsque votre soupe est bien froide, versez-la dans des bols ou des assiettes creuses. Répartissez les croûtons et dégustez bien froid.

PRÉPARATION	REPOS	CUISSON	MODE
20 min	2 h	5 min	Smoothie

Soupe indienne DE POTIMARRON ET LENTILLES

POUR 4 À 6 PERSONNES

INGRÉDIENTS

• 500 g de chair de potimarron • 120 g de lentilles corail • 1 carotte • 1 gousse d'ail • 1 cuil. à soupe de concentré de tomate • 25 cl de bouillon de légumes • 25 cl de lait de coco • 25 cl de crème fraîche • 2 cuil. à soupe d'huile d'arachide • 3 brins de coriandre • Curcuma moulu • Cumin moulu • Piment moulu • Coriandre moulue • Cannelle moulue • Sel • Poivre

RÉALISATION

1. Épluchez la carotte, puis taillez-la en morceaux réguliers avec le potimarron. Épluchez la gousse d'ail, dégermez-la, puis hachez-la grossièrement. Placez les légumes, le bouillon de légumes, le lait de coco, l'huile d'arachide, le concentré de tomate et quelques pincées de curcuma, de cumin, de piment, de coriandre et de cannelle dans le bol du blender. Mélangez bien avec une cuillère en bois, puis appuyez sur le programme « soupe épaisse ».

2. Pendant la cuisson, faites cuire les lentilles corail selon les indications du paquet. Égouttez-les, puis réservez-les au chaud.

3. Lorsque la soupe est prête, ajoutez la moitié de la crème fraîche. Salez et poivrez à votre convenance, puis versez dans des bols ou des assiettes creuses. Déposez un peu de crème fraîche, les lentilles et quelques feuilles de coriandre, et dégustez bien chaud.

PRÉPARATION	CUISSON	MODE CUISSON
25 min	30 min	Soupe épaisse

LES SOUPES POUR

LES ENFANTS

Velouté de lentilles corail, PATATES DOUCES ET CAROTTES

POUR 4 À 6 PERSONNES

INGRÉDIENTS

500 g de patates douces • 200 g de carottes • 100 g de lentilles corail • 1 oignon • 40 cl de bouillon de légumes • 2 cuil. à soupe d'huile d'olive • 2 cuil. à soupe de crème fraîche • 1 cuil. à soupe de graines de courge • 2 brins de persil • Sel • Poivre

RÉALISATION

1. Épluchez les patates douces, les carottes et l'oignon, puis taillez-les en morceaux réguliers. Placez-les dans le bol du blender avec les lentilles, le bouillon de légumes et l'huile d'olive. Mélangez bien avec une cuillère en bois, puis appuyez sur le programme « soupe fine ».

2. Pendant la cuisson, hachez finement le persil. Torréfiez les graines de courge à sec dans une poêle.

3. Lorsque la soupe est prête, ajoutez la crème fraîche. Salez et poivrez à votre convenance, puis versez dans des bols ou des assiettes creuses. Parsemez de persil et de graines de courge, et dégustez bien chaud.

PRÉPARATION	CUISSON	MODE CUISSON
20 min	32 min	Soupe fine

Velouté de roquette à la feta, TOMATES CERISES BICOLORES

POUR 4 À 6 PERSONNES

INGRÉDIENTS

200 g de roquette • 200 g de tomates cerises jaunes et rouges • 150 g de pommes de terre • 120 g de feta • 100 g de courgettes • 100 g de yaourt à la grecque • 1 échalote • 70 cl de bouillon de légumes • 2 cuil. à soupe d'huile d'olive • Sel • Poivre

RÉALISATION

1. Épluchez les pommes de terre, la courgette et l'échalote, puis taillez-les en morceaux réguliers. Placez-les dans le bol du blender avec la roquette, le bouillon de légumes et l'huile d'olive. Mélangez bien avec une cuillère en bois, puis appuyez sur le programme « soupe fine ».

2. Pendant la cuisson, taillez les tomates cerises en deux. Émiettez la feta.

3. Lorsque la soupe est prête, ajoutez le yaourt et la feta, et appuyez quelques secondes sur le programme « mixer ». Salez et poivrez à votre convenance, puis versez dans des bols ou des assiettes creuses. Répartissez les tomates cerises, et dégustez bien chaud.

PRÉPARATION	CUISSON	MODE CUISSON
20 min	28 min	Soupe fine

Soupe de tomate AUX FARFALLES

POUR 4 À 6 PERSONNES

INGRÉDIENTS

120 g de pointes d'asperges vertes • 100 g de farfalles • 80 g de févettes • 1 poivron rouge • 2 branches de céleri • ½ oignon • 2 cuil. à soupe de concentré de tomate • 1 l de bouillon de légumes • 3 cuil. à soupe d'huile d'olive • Origan séché • Paprika • Sel • Poivre

RÉALISATION

1. Émincez les branches de céleri. Épluchez l'oignon, puis hachez-le grossièrement. Coupez le poivron en quartiers, éliminez les graines et les membranes blanches, puis hachez-le grossièrement. Placez le céleri, le poivron, l'oignon, le concentré de tomate, le bouillon de légumes, l'huile d'olive, quelques pincées d'origan séché et de paprika dans le bol du blender. Mélangez bien avec une cuillère en bois, puis appuyez sur le programme « soupe épaisse ».

2. Pendant la cuisson, faites cuire les pointes d'asperges et les févettes à la vapeur, puis réservez-les. Faites cuire les farfalles selon les indications du paquet, puis égouttez-les et réservez-les.

3. Lorsque la soupe est prête, salez et poivrez à votre convenance. Versez dans des bols ou des assiettes creuses, puis ajoutez les pointes d'asperges, les févettes et les farfalles. Dégustez bien chaud.

PRÉPARATION	CUISSON	MODE CUISSON
15 min	32 min	Soupe épaisse

Soupe de patate douce
À LA CACAHUÈTE, ÉMINCÉ DE DINDE GRILLÉ

POUR 4 À 6 PERSONNES

INGRÉDIENTS

• 500 g de patates douces • 250 g de blancs de dinde • 150 g de carottes • 150 g de pommes de terre • 1 échalote • 1 à 2 cuil. à soupe de beurre de cacahuètes • 45 cl de bouillon de légumes • 3 cuil. à soupe d'huile d'olive • Sel • Poivre

RÉALISATION

1. Épluchez les patates douces, les carottes, les pommes de terre et l'échalote, puis taillez-les en morceaux réguliers. Placez-les dans le bol du blender avec le bouillon de légumes et 1 cuillerée à soupe d'huile d'olive. Mélangez bien avec une cuillère en bois, puis appuyez sur le programme « soupe fine ».

2. Pendant la cuisson, émincez les blancs de dinde en fines lanières. Faites-les dorer dans une poêle avec le reste de l'huile d'olive, puis réservez-les au chaud.

3. Lorsque la soupe est prête, ajoutez le beurre de cacahuètes (jusqu'à 2 cuillerées à soupe si vos enfants aiment beaucoup la cacahuète !). Salez et poivrez à votre convenance, puis versez dans des bols ou des assiettes creuses. Répartissez les lanières de dinde grillées, et dégustez bien chaud.

PRÉPARATION	CUISSON	MODE CUISSON
20 min	35 min	Soupe fine

Velouté de courgette ET PETITS POIS AU KIRI

POUR 4 À 6 PERSONNES

INGRÉDIENTS

600 g de petits pois écossés • 300 g de courgettes • 100 g de pommes de terre • 1 échalote • 4 portions de fromage à tartiner (type Kiri) • 40 cl de bouillon de légumes • 2 cuil. à soupe d'huile d'olive • Sel • Poivre

RÉALISATION

1. Épluchez les courgettes, les pommes de terre et l'échalote, puis taillez-les en morceaux réguliers. Placez-les dans le bol du blender avec les petits pois, le bouillon de légumes et l'huile d'olive. Mélangez bien avec une cuillère en bois, puis appuyez sur le programme « soupe fine ».

2. Lorsque la soupe est prête, ajoutez le fromage à tartiner. Salez et poivrez à votre convenance, puis versez dans des bols ou des assiettes creuses. Dégustez bien chaud.

PRÉPARATION	CUISSON	MODE CUISSON
15 min	28 min	Soupe fine

Velouté de carotte jaune

AU MASCARPONE, DÉS D'ANANAS ET DE POULET

POUR 4 À 6 PERSONNES

INGRÉDIENTS

400 g de carottes jaunes • 300 g de blancs de poulet • 200 g de pommes de terre • 4 tranches d'ananas au sirop • 1 blanc de poireau • 1 branche de céleri • 1 cuil. à soupe d'amandes effilées • 45 cl de bouillon de légumes • 2 cuil. à soupe de mascarpone • 3 cuil. à soupe d'huile d'olive • 2 brins de persil • Sel • Poivre

RÉALISATION

1. Épluchez les carottes et les pommes de terre, puis taillez-les en morceaux réguliers. Émincez le blanc de poireau et la branche de céleri.

2. Placez tous les légumes dans le bol du blender avec le bouillon de légumes et 1 cuillerée à soupe d'huile d'olive. Mélangez bien avec une cuillère en bois, puis appuyez sur le programme « soupe fine ».

3. Pendant la cuisson, taillez l'ananas et le poulet en cubes. Faites dorer le poulet dans une poêle avec le reste de l'huile d'olive, puis ajoutez l'ananas et 2 cuillerées à soupe de sirop. Faites revenir quelques minutes supplémentaires, puis réservez au chaud.

4. Lorsque la soupe est prête, ajoutez le mascarpone. Salez et poivrez à votre convenance, puis versez dans des bols ou des assiettes creuses. Répartissez les cubes d'ananas et de poulet, puis décorez de quelques amandes effilées et feuilles de persil. Dégustez bien chaud.

PRÉPARATION 25 min

CUISSON 35 min

MODE CUISSON Soupe fine

Velouté de courge butternut ET CAROTTE, DÉS DE CHÈVRE FRAIS

POUR 4 À 6 PERSONNES

INGRÉDIENTS

350 g de chair de courge butternut • 300 g de carottes • 180 g de fromage de chèvre frais • 150 g de pommes de terre • 3 tranches de pain de mie complet • 1 échalote • 50 cl de bouillon de légumes • 2 cuil. à soupe d'huile d'olive • Sel • Poivre

RÉALISATION

1. Épluchez les carottes, les pommes de terre et l'échalote. Taillez-les en morceaux réguliers avec la courge, puis placez-les dans le bol du blender avec le bouillon de légumes et l'huile d'olive. Mélangez bien avec une cuillère en bois, puis appuyez sur le programme « soupe fine ».

2. Pendant la cuisson, coupez le chèvre frais en dés. Toastez les tranches de pain de mie, puis taillez-les en mouillettes.

3. Lorsque la soupe est prête, salez et poivrez à votre convenance. Versez dans des bols ou des assiettes creuses, puis répartissez les dés de chèvre frais et les mouillettes. Dégustez bien chaud.

PRÉPARATION	CUISSON	MODE CUISSON
25 min	35 min	Soupe fine

Soupe POP-CORN

POUR 4 À 6 PERSONNES

INGRÉDIENTS

• 500 g de maïs en conserve • 250 g de haricots blancs cuits • 150 g de yaourt à la grecque • 1 échalote • 70 cl de bouillon de légumes • 2 cuil. à soupe d'huile d'olive • Paprika • Sel • Poivre

RÉALISATION

1. Épluchez l'échalote, puis hachez-la grossièrement. Égouttez le maïs et les haricots blancs, puis placez-les dans le bol du blender avec l'échalote, le bouillon de légumes et l'huile d'olive. Mélangez bien avec une cuillère en bois, puis appuyez sur le programme « soupe fine ».

2. Lorsque la soupe est prête, ajoutez le yaourt et quelques pincées de paprika. Salez et poivrez à votre convenance, puis versez dans des bols ou des assiettes creuses. Ajoutez éventuellement 1 cuillerée à soupe de ketchup maison, et dégustez bien chaud.

PRÉPARATION	CUISSON	MODE CUISSON
10 min	28 min	Soupe fine

Index des recettes

Illustrations et éléments graphiques

p. 2 Thomas, Laure ; p. 11 Thomas, Laure ; p. 13 Thomas, Laure ; p. 15 Mechali, Julie ; p. 17 Thomas, Laure ; p. 19 Constantini, Delphine ; p. 21 Thomas, Laure ; p. 23 Thomas, Laure ; p. 24 Constantini, Delphine ; p. 25 Thomas, Laure ; p. 27 Thomas, Laure ; p. 29 Thomas, Laure ; p. 30 Thomas, Laure ; p. 31 Thomas, Laure ; p. 32 Thomas, Laure ; p. 33 Thomas, Laure ; p. 35 Thomas, Laure ; p. 39 Thomas, Laure ; p. 41 StockFood / Afanasyeva, Oxana ; p. 43 Rouvrais, Laurent ; p. 44 Thomas, Laure ; p. 45 Thomas, Laure ; p. 47 Kanako, Isabelle ; p. 49 StockFood / Gräfe & Unzer Verlag / Schardt, Wolfgang ; p. 51 Thomas, Laure ; p. 53 Thomas, Laure ; p. 55 StockFood / Brachat, Oliver ; p. 57 StockFood / Bergmann, Meike ; p. 59 Thomas, Laure ; p. 60 StockFood / Sporrer/Skowronek ; p. 61 StockFood / für ZS Verlag / Hoersch, Julia ; p. 63 StockFood / Hendey, Magdalena ; p. 65 StockFood / StockFood Studios / Neubauer, Mathias ; p. 66 StockFood / StockFood Studios / Suedfels, Thorsten ; p. 67 Thomas, Laure ; p. 71 Thomas, Laure ; p. 73 StockFood / Sporrer/Skowronek ; p. 75 Thomas, Laure ; p. 76 StockFood / für ZS Verlag / Hoersch, Julia ; p. 77 StockFood / StockFood Studios / Sporrer, Brigitte ; p. 79 StockFood / Sporrer/Skowronek ; p. 80 Thomas, Laure ; p. 81 Thomas, Laure ; p. 82 Thomas, Laure ; p. 83 StockFood / Bauer Syndication ; p. 85 Thomas, Laure ; p. 87 StockFood / Sporrer/Skowronek ; p. 89 StockFood / Hendey, Magdalena ; p. 91 Thomas, Laure ; p. 92 StockFood / Gräfe & Unzer Verlag / Hoersch, Julia ; p. 93 Thomas, Laure ; p. 95 Devinat, Mary ; p. 97 StockFood / für ZS Verlag / Hoersch, Julia ; p. 99 Thomas, Laure ; p. 100 Thomas, Laure ; p. 101 StockFood / Wallace, Ian ; p. 103 StockFood / für ZS Verlag / Hoersch, Julia ; p. 107 StockFood / für ZS Verlag / Hoersch, Julia ; p. 109 StockFood / Prihodko, Kate ; p. 111 StockFood / StockFood Studios / Sporrer, Brigitte ; p. 113 Thomas, Laure ; p. 115 Thomas, Laure ; p. 116 StockFood / Gräfe & Unzer Verlag / Schardt, Wolfgang ; p. 117 StockFood / Gräfe & Unzer Verlag / Schardt, Wolfgang ; p. 119 Thomas, Laure ; p. 120 Thomas, Laure ; p. 121 Thomas, Laure ; p. 122 Thomas, Laure ; p. 123 Thomas, Laure ; p. 125 Thomas, Laure ; p. 127 Thomas, Laure ; p. 129 Thomas, Laure ; p. 133 Thomas, Laure ; p. 135 Thomas, Laure ; p. 137 Thomas, Laure ; p. 139 Thomas, Laure ; p. 141 Czerw, Guillaume ; p. 142 Thomas, Laure ; p. 143 StockFood / für ZS Verlag / Hoersch, Julia ; p. 145 StockFood / Schulte-Ladbeck, Stefan ; p. 147 StockFood / Wischnewski, Jan ; p. 149 Thomas, Laure ; p. 153 StockFood / für ZS Verlag / Schardt, Wolfgang ; p. 154 StockFood / Katarzyna, Kachel ; p. 155 StockFood / für ZS Verlag / Schütz, Anke ; p. 157 StockFood / Gräfe & Unzer Verlag / Grossmann.Schuerle ; p. 159 Rouvrais, Laurent ; p. 161 Thomas, Laure ; p. 163 StockFood / Castilho, Rua ; p. 165 StockFood / Bialy, Boguslaw ; p. 167 Thomas, Laure ; p. 169 StockFood / Hendey, Magdalena ; p. 171 StockFood / StockFood Studios / Neubauer, Mathias ; p. 175 StockFood / Kibbles, Charlotte ; p. 177 StockFood / Gräfe & Unzer Verlag / Schardt, Wolfgang ; p. 179 StockFood / Benjamins, Sven ; p. 181 StockFood / Gräfe & Unzer Verlag / Schardt, Wolfgang ; p. 183 StockFood / Meliukh, Irina ; p. 185 StockFood / für ZS Verlag / Gödke, Claudia ; p. 187 StockFood / Finell, Kati ; p. 189 StockFood / Gräfe & Unzer Verlag / Suedfels, Thorsten

Direction d'édition : Thierry Lamarre
Édition : Adeline Lobut
Recettes : Audrey Doret et Laure Thomas
Correction-révision : Isabelle Misery
Conception graphique et mise en pages : Either studio
Couverture : Either studio

Éditions Marie Claire
Publiées par Société d'Information et de Créations - SIC
Une société de Marie Claire Album
10 bd des Frères Voisin - 92792 Issy-les-Moulineaux CEDEX 9 - France
Tél. 01 41 46 88 88
RCS Nanterre 302 114 509
SARL au capital de 822.000 euros

PEFC
PEFC/46-31-13
Certifié PEFC
Ce produit est issu de forêts gérées durablement et de sources contrôlées
www.pefc.ro

ISBN : 979-10-323-0799-1
N° Éditeur : 38369
Imprimé par Rotolito Romania, Roumanie
Dépôt légal : septembre 2022.